【中华国学经典精粹】

陶庵梦忆·西湖梦寻

〔明〕张岱 著
胡志泉 注

北京联合出版公司
Beijing United Publishing Co.,Ltd.

图书在版编目（CIP）数据

陶庵梦忆；西湖梦寻 /（明）张岱著；胡志泉注. —北京：北京联合出版公司，2016.9（2023.5 重印）
（中华国学经典精粹）
ISBN 978-7-5502-8782-2

Ⅰ. ①陶… Ⅱ. ①张… ②胡… Ⅲ. ①笔记—中国—明代 ②小品文—作品集—中国—明代 Ⅳ. ①K248.066②I264.8

中国版本图书馆CIP数据核字（2016）第238794号

陶庵梦忆·西湖梦寻
作　　者：张　岱
选题策划：宿春礼
责任编辑：肖　桓
封面设计：新纪元工作室
版式设计：新纪元工作室
责任校对：付玮婷

北京联合出版公司出版
（北京市西城区德外大街83号楼9层　100088）
三河市冀华印务有限公司　新华书店经销
字数：130千字　787毫米×1092毫米　1/32　5印张
2017年1月第1版　2023年5月第6次印刷
ISBN 978-7-5502-8782-2
定价：12.00元

前　言

《陶庵梦忆》《西湖梦寻》为明末清初文学家张岱的著名作品。

张岱，字宗子，又字石公，号陶庵，别号蝶庵，山阴（今浙江绍兴）人，其远祖为古剑州绵竹人，故常自称“蜀人”，以示不忘本。生于万历二十五年（1597年），卒年学术界诸说不一。胡益民先生据有关文献推考其卒年当为康熙十九年（1680年）。

张岱出身仕宦富贵之家，前半生过着衣食无忧、风流浪漫的生活，如他在《自为墓志铭》中所说：“少为纨绔子弟，极爱繁华，好精舍，好美婢，好娈童，好鲜衣，好美食，好骏马，好华灯，好烟火，好梨园，好鼓吹，好古董，好花鸟，兼以茶淫橘虐，书蠹诗魔。”

但命运总是难料，改朝换代，家道中落，纨绔子弟转眼间成为下层贫民。“繁华靡丽，过眼皆空，五十年来，总成一梦。”（《陶庵梦忆·自序》）然而生活的困顿并未令他绝望，他始终保持着强烈的民族意识和高尚的文人气节，国破家亡之后愤而“披发入山”，表示对清统治者的不满与抗议，即便布衣素食，甚至到了“断炊”的地步，也不后悔。他以追忆的方式，写下了那一段历史，以寄托故国之思。

《陶庵梦忆》共八卷，内容庞杂，涉及面很广，记载的大多是作者的亲身经历，展现在人们面前的是晚明的一幅风俗画卷，如山水风景、茶楼酒肆、说书演戏、放灯迎神，以及工艺书画等，可以说是江浙一带的“清明上河图”。

书中描写的极为生活化的内容和场景，是一部感性的历史，是陶庵梦中的回忆，寄托着他的兴亡之叹、故园之思。其中的文章清新秀丽，精雕细琢而无斧凿之痕，《湖心亭看雪》《西湖七月半》《西湖香市》《柳敬亭说书》《烟雨楼》等都已是脍炙人口的绝妙文章。

《西湖梦寻》是一部介绍西湖掌故、地理的著作，对西湖的山水园林、名胜古迹、风俗人物等进行了全方位的描述。全书按照总记、北路、西路、中路、南路、外景的空间顺序娓娓道来，将当时杭州的古与今展现在读者面前。

对往日西湖盛景的追忆，充满着一位亡国遗老的沧桑之感。此书的一大特色是，每则记事之后，作者都会选录一些先贤、时人（包括张岱自己）的诗文，为山水增添光辉。这些选录的诗文集中起来，就是一部西湖诗文选。

本书将《陶庵梦忆》与《西湖梦寻》合为一本，以飨读者。正文节选书中精华，保留经典文章。在注释方面，着重于对疑难字、生僻字以及异体字进行注音与解释，以方便读者阅读。需要指出的是，同一个字，前文已做了注释，后文若出现，将不再做注释。

因水平所限，书中难免存在错误及不足之处，还请读者批评指正。

目 录

陶庵梦忆

西湖梦寻

陶庵梦忆

自　序

陶庵国破家亡，无所归止，披发入山，骇骇[①]为野人。故旧见之，如毒药猛兽，愕窒不敢与接。作自挽诗，每欲引决。因《石匮书》[②]未成，尚视息人世。然瓶粟屡罄，不能举火，始知首阳二老[③]，直头饿死，不食周粟，还是后人妆点语也。饥饿之余，好弄笔墨，因思昔人生长王、谢，颇事豪华，今日罹此果报。以笠报颅，以篑报踵，仇簪履也；以衲报裘，以苎报絺[④]，仇轻暖也；以藿[⑤]报肉，以粝报粻[⑥]，仇甘旨也；以荐报床，以石报枕，仇温柔也；以绳报枢，以瓮报牖，仇爽垲[⑦]也；以烟报目，以粪报鼻，仇香艳也；以途报足，以囊报肩，仇舆从也。种种罪案，从种种果报中见之。鸡鸣枕上，夜气方回，因想余生平，繁华靡丽，过眼皆空，五十年来，总成一梦。今当黍熟黄粱，车旅蚁穴，当作如何消受？遥思往事，忆即书之，持向佛前，一一忏悔。不次岁月，异年谱也；不分门类，别志林也。偶拈一则，如游旧径，如见故人，城郭人民，翻用自喜，真所谓痴人前不得说梦矣。昔有西陵脚夫，为人担酒，失足破其瓮，念无以偿，痴坐伫想，曰："得是梦便好！"一寒士乡试中式，方赴鹿鸣宴[⑧]，恍然犹意非真，自啮其臂曰："莫是梦否？"一梦耳，惟恐其非梦，又惟恐其是梦，其为痴人则一也。余今大梦将寤，犹事雕虫，又是一番梦呓。因叹慧业文人，名心难化，正如邯郸梦断，漏尽钟鸣，卢生遗表，犹思摹拓二王，以流传后世。则其名根[⑨]一点，坚固如佛家舍利，劫火猛烈，犹烧之不失也。

【注释】

①骇骇（hài）：同"骇骇"，害怕、震惊的样子。

②《石匮书》：作者写的一部反映明朝兴亡的史书。

③首阳二老：指商末孤竹君的两个儿子伯夷、叔齐，商朝灭亡后，二人耻

食周粟，逃隐于首阳山，最后饿死。

④苎（zhù）：指粗布衣。绨（chī）：细葛布做的衣服。

⑤藿：豆类作物的叶子，指吃的东西很粗劣。

⑥粝：糙米。粻（zhāng）：细粮。

⑦垲（kǎi）：地势高而干燥。

⑧鹿鸣宴：古代庆祝举子考中的宴会，因宴会中必奏出自《诗经》的《鹿鸣》曲而得名。

⑨名根：追逐名的根性。

卷 一

钟山

钟山上有云气，浮浮冉冉，红紫间之，人言王气，龙蜕藏焉。高皇帝与刘诚意、徐中山、汤东瓯定寝穴，各志其处，藏袖中。三人合，穴遂定。门左有孙权墓，请徙。太祖曰："孙权亦是好汉子，留他守门。"及开藏，下为梁志公和尚塔。真身不坏，指爪绕身数匝。军士辇之，不起。太祖亲礼之，许以金棺银椁，庄田三百六十，奉香火，舁[1]灵谷寺塔之。今寺僧数千人，日食一庄田焉。陵寝定，闭外羡[2]，人不及知。所见者，门三、飨殿一、寝殿一，后山苍莽而已。壬午七月，朱兆宣簿太常，中元祭期，岱观之。飨殿深穆，暖阁去殿三尺，黄龙幔幔之。列二交椅，褥以黄锦孔雀翎，织正面龙，甚华重。席地以毡，走其上必去舄轻趾。稍咳，内侍辄叱曰："莫惊驾。"

近阁下一座，稍前为碽妃，是成祖生母。成祖生，孝慈皇后妊为己子，事甚秘。再下，东西列四十六席，或坐或否。祭品极简陋，朱红木簋、木壶、木酒樽，甚粗朴。簋中肉止三片，粉一铗，黍数粒，东瓜汤一瓯而已。暖阁上一几，陈铜炉一、小筯瓶二、杯棬[3]二；下一大几，陈太牢一、少牢一而已。他祭或不同，岱所见如是。先祭一日，太常官属开牺牲所中门，导以鼓乐旗帜，牛羊自出，龙袱盖之。至宰割所，以四索缚牛蹄。太常官属至，牛正面立，太常官属朝牲揖，揖未起，而牛头已入燖[4]所。燖已，舁至飨殿。次日五鼓，魏国至，主祀，太常官属不随班，侍立飨殿上。祀毕，牛羊已臭腐不堪闻矣。平常日进二膳，亦魏国陪祀，日必至云。

戊寅，岱寓鹫峰寺。有言孝陵上黑气一股，冲入牛斗，百有余日矣。岱夜起视，见之。自是流贼猖獗，处处告警。壬午，朱成国与王应华奉敕修陵，木枯三百年者尽出为薪，发根，隧其下数丈，识者为伤地脉、泄王气，今果有甲申之变，则寸斩应华亦不足赎也。孝陵玉石二百八十二年，今岁清明，乃遂不得一盂麦饭，思之猿咽。

【注释】

①舁（yú）：用手抬。

②羡：通入墓穴的路。

③棬（quān）：木制的饮器。

④焊（xún）：以火烤熟。

报恩塔

中国之大古董，永乐之大窑器，则报恩塔是也。报恩塔成于永乐初年，非成祖开国之精神、开国之物力、开国之功令[①]，其胆智才略足以吞吐此塔者，不能成焉。塔上下金刚佛像千百亿金身。一金身，琉璃砖十数块凑砌成之，其衣褶不爽[②]分，其面目不爽毫，其须眉不爽忽[③]，斗笋[④]合缝，信属鬼工。

闻烧成时，具三塔相，成其一，埋其二，编号识之。今塔上损砖一块，以字号报工部，发一砖补之，如生成焉。夜必灯，岁费油若干斛。天日高霁，霏霏霭霭，摇摇曳曳，有光怪出其上，如香烟缭绕，半日方散。永乐时，海外夷蛮重译至者百有余国，见报恩塔必顶礼赞叹而去，谓四大部洲[⑤]所无也。

【注释】

①功令：律法。

②爽：偏差。

③忽：古代计量单位。

④斗笋：建筑物上的榫头。

⑤四大部洲：这里指整个世界。

天台牡丹

天台多牡丹，大如拱把，其常也。某村中有鹅黄牡丹，一株三干，其大如小斗，植五圣祠前。枝叶离披①，错出檐甃之上，三间满焉。花时数十朵，鹅子、黄鹂、松花、蒸栗，萼楼穰吐，淋漓簇沓。土人②于其外搭棚演戏四五台，婆娑乐神。有侵花至漂发者，立致奇祟。土人戒勿犯，故花得蔽芾③而寿。

【注释】

①离披：形容枝叶茂盛的样子。

②土人：当地的人。

③蔽芾（fèi）：草木繁盛。

金乳生草花

金乳生喜莳①草花。住宅前有空地，小河界之。乳生濒河构小轩三间，纵其趾于北，不方而长，设竹篱经其左。北临街，筑土墙，墙内砌花栏护其趾。再前，又砌石花栏，长丈余而稍狭。栏前以螺山石垒山披数折，有画意。草木百余本，错杂莳之，浓淡疏密，俱有情致。春以罂粟、虞美人为主，而山兰、素馨、决明佐之。春老以芍药为主，而西番莲、土萱、紫兰、山矾佐之。夏以洛阳花、建兰为主，而蜀葵、乌斯菊、望江南、茉莉、杜若、珍珠兰佐之。秋以菊为主，而剪秋纱、秋葵、僧鞋菊、万寿芙蓉、老少年、秋海棠、雁来红、矮鸡冠佐之。冬以水仙为主，而长春佐之。其木本如紫白丁香、绿萼玉楪蜡梅、西府、滇茶、日丹白梨花，种之墙头屋角，以遮烈日。

乳生弱质多病，早起，不盥不栉，蒲伏阶下，捕菊虎，芟地蚕，花根叶底，虽千百本，一日必一周②之。癃头者火蚁，瘠枝者黑蚰，伤根者蚯蚓、蜒蝣，贼叶者象干、毛猬。火蚁，以鲞骨、鳖甲置旁，引出弃之。黑蚰，以麻裹筋头，捋出之。蜒蝣，以夜静持灯灭杀之。蚯蚓，以石灰水灌河水解之。毛猬，以马粪水杀之。象干虫，磨铁线穴搜之。事必亲历，虽冰龟[③]其手，日焦其额，不顾也。青帝喜其勤，近产芝三本以祥瑞之。

【注释】

①莳（shì）：栽种。

②周：遍。

③龟（jūn）：皲裂。

日月湖

宁波府城内，近南门，有日月湖。日湖圆，略小，故日之[①]；月湖长，方广，故月之。二湖连络如环，中亘一堤，小桥纽之。日湖有贺少监祠。季真朝服拖绅，绝无黄冠气象。祠中勒唐玄宗《饯行》诗以荣之。季真乞鉴湖归老，年八十余矣。其《回乡》诗曰："幼小离家老大回，乡音无改鬓毛衰。儿孙相见不相识，笑问客从何处来？"八十归老，不为早矣，乃时人称为"急流勇退"，今古传之。

季真曾谒一卖药王老，求冲举之术，持一珠贻之。王老见卖饼者过，取珠易饼。季真口不敢言，甚懊惜之。王老曰："悭吝未除，术何由得？"乃还其珠而去。则季真直[②]一富贵利禄中人耳。《唐书》入之《隐逸传》，亦不伦甚矣。

月湖一泓汪洋，明瑟可爱，直抵南城。城下密密植桃柳，四围湖岸，亦间植名花果木以萦带之。湖中栉比者皆士夫园亭，台榭倾圮，而松石苍老。石上凌霄藤有斗大者，率百年以上物也。四明缙绅，田宅及其子，园亭及其身。平泉木石，多暮楚朝秦，故园亭亦聊且为之，如传舍衙署焉。屠赤水娑罗馆，亦仅存娑罗而已。所称"雪浪"等石，在某氏园久矣。清明日，二湖游船甚盛，但桥小，船不能大。城墙下趾稍广，桃柳烂漫，游人席地坐，亦饮亦歌，声存西湖一曲。

【注释】

①日之：以日作为它的称呼。

②直：只是。

金山夜戏

崇祯二年中秋后一日，余道镇江往兖。日晡[①]，至北固，舣舟[②]江口。月光倒囊入水，江涛吞吐，露气吸之，噀[③]天为白。余大惊喜。移舟过金山寺，已二鼓矣。经龙王堂，入大殿，皆漆静。林下漏月光，疏疏如残雪。余呼小仆携戏具，张灯火大殿中，唱韩蕲王金山及长江大战诸剧。锣鼓喧填，一寺人皆起看。有老僧以手背搽[④]眼翳，翕然张口，呵欠与笑嚏俱至。徐定睛视，为何许人，以何事何时至，皆不敢问。剧完，将曙，解缆过江。山僧至山脚，目送久之，不知是人是怪是鬼。

【注释】

①晡（bū）：申时，为现在的下午三点到五点。

②舣（yǐ）：使船靠岸。

③噀（xùn）：喷。

④搽（shā）：揉。

筠芝亭

筠芝亭，浑朴一亭耳。然而亭之事尽，筠芝亭一山之事亦尽。吾家后此亭而亭者，不及筠芝亭；后此亭而楼者、阁者、斋者，亦不及。总之，多一楼，亭中多一楼之碍；多一墙，亭中多一墙之碍。太仆公造此亭成，亭之外更不增一椽一瓦，亭之内亦不设一槛一扉，此其意有在也。亭前后，太仆公手植树皆合抱，清樾轻岚，滃滃翳翳[①]，如在秋水。亭前石台，猎取亭中之景物而先得之，升高眺远，眼界光明。敬亭诸山，箕踞麓下。溪壑萦回，水出松叶之上。台下右旋，曲磴[②]三折，老松偻背而立，顶垂一干，倒下如小幢，小枝盘郁，曲出辅之，旋盖如曲柄葆羽[③]。癸丑以前，不垣不台，松意尤畅。

【注释】

①滃（wěng）滃翳（yì）翳：云烟笼罩的样子。

②磴（dèng）：石阶。

③葆羽：以鸟羽为饰的华盖。

岕园

岕园[①]，水盘据之，而得水之用，又安顿之若无水者。寿花堂，界以堤，以小眉山，以天问台，以竹径，则曲而长，则水之。内宅，隔以霞爽轩，以酣漱，以长廊，以小曲桥，以东篱，则深而邃，则水之。临池，截以鲈香亭、梅花禅，则静而远，则水之。缘城，护以贞六居，以无漏庵，以菜园，以邻居小户，则闷[②]而安，则水之用尽。而水之意色，指归乎庞公池之水。庞公池，人弃我取，一意向园，目不他瞩，肠不他回，口不他诺，龙山夔蚭[③]，三折就之，而水不之顾。人称岕园能用水，而卒得水力焉。大父[④]在日，园极华缛。有二老盘旋其中，一老曰："竟是蓬莱阆苑了也！"一老咈[⑤]之曰："个边那有这样！"

【注释】

①岕（jiè）园：张岱祖父张汝霖于天启元年（1621）归乡养病时所建园林。

②闷（bì）：清幽寂静。

③夔蚭（kuí ní）：指蜿蜒游动貌。

④大父：即祖父。

⑤咈（fú）：表示反对。

葑门[①]荷宕

天启壬戌六月二十四日，偶至苏州，见士女倾城而出，毕集于葑门外之荷花宕。楼船画舫至鱼艣[2]小艇，雇觅一空。远方游客，有持数万钱无所得舟，蚁旋岸上者。余移舟往观，一无所见。宕中以大船为经，小船为纬，游冶子弟，轻舟鼓吹，往来如梭。舟中丽人皆倩妆淡服，摩肩簇舄[3]，汗透重纱。舟楫之胜以挤，鼓吹之胜以集，男女之胜以溷，歊暑燂烁[4]，靡沸终日而已。荷花宕经岁无人迹，是日，士女以鞋靸不至为耻。袁石公曰："其男女之杂，灿烂之景，不可名状。"大约露帏则千花竞笑，举袂则乱云出峡，挥扇则星流月映，闻歌则雷辊涛趋。盖恨虎丘中秋夜之模糊躲闪，特至是日而明白昭著之也。

【注释】

①葑（fēng）门：在今苏州城东。

②艣（lí）：小船。

③舄（xì）：鞋子。

④歊（xiāo）暑燂（tán）烁：指炎热。

越俗扫墓

越俗扫墓，男女袨服靓妆[1]，画船箫鼓，如杭州人游湖，厚人薄鬼，率以为常。二十年前，中人之家尚用平水屋帻船，男女分两截坐，不坐船，不鼓吹。先辈谑之曰："以结上文两节之意。"后渐华靡，虽监门小户，男女必用两坐船，必巾，必鼓吹，必欢呼畅饮。下午必就其路之所近，游庵堂寺院及士夫家花园。鼓吹近城，必吹《海东青》《独行千里》，锣鼓错杂。酒徒沾醉，必岸帻嚣嚎[2]，唱无字曲，或舟中攘臂，与侪列厮打。自二月朔至夏至，填城溢国，日日如之。乙酉方兵，划江而守，虽鱼艣菱舠[3]，收拾略尽。坟垄数十里而遥，子孙数人挑鱼肉楮钱，徒步往返之，妇女不得出城者三岁矣。萧索凄凉，亦物极必反之一。

【注释】

①袨（xuàn）服靓（jìng）妆：华丽的服饰，漂亮的妆容。

②嚣嚎：大声喊叫。

③舠（dāo）：小舟。

奔云石

南屏石无出“奔云”右者。“奔云”得其情，未得其理。石如滇茶一朵，风雨落之，半入泥土，花瓣棱棱，三四层折。人走其中，如蝶入花心，无须不缀也。黄寓庸[1]先生读书其中，四方弟子千余人，门如市。余幼从大父访先生。先生面黧黑，多髭须，毛颊，河目海口，眉棱鼻梁，张口多笑。交际酬酢，八面应之。耳聆客言，目睹来牍，手书回札，口嘱傒奴，杂沓于前，未尝少错。客至，无贵贱，便肉、便饭食之，夜即与同榻。余一书记往，颇秽恶，先生寝食之不异也，余深服之。

丙寅至武林，亭榭倾圮，堂中窀先生遗蜕[2]，不胜人琴之感[3]。余见“奔云”黝润，色泽不减，谓客曰：“愿假此一室，以石磥门，坐卧其下，可十年不出也。”客曰：“有盗。”余曰：“布衣褐被，身外长物则瓶粟与残书数本而已。王弇州不曰：‘盗亦有道也’哉？”

【注释】

①黄寓庸：黄汝亨，号寓庸，擅长书法，著有《天目游记》《寓庸子游记》等。

②窀（zhūn）：葬。遗蜕：尸体。

③人琴之感：指思念、哀悼亲友之情，典出《世说新语》。

木犹龙

木龙出辽海，为风涛漱击[1]，形如巨浪跳蹴，遍体多著波纹，常开平王得之辽东，辇至京。开平第毁，谓木龙炭矣。及发瓦砾，见木龙埋入地数尺，火不及，惊异之，遂呼为龙。不知何缘出易于市，先君子以犀觥十七只售之，进鲁献王[2]，误书“木龙”犯讳，峻辞之，遂留长史署中。先君子弃世，余载归，传为世宝。丁丑诗社，恳名公人赐之名，并赋小言咏之。周墨农字以“木犹龙”，倪鸿宝字以“木寓龙”，祁世培字以“海槎”，王士美字以“槎浪”，张毅儒字以“陆槎”，诗遂盈帙。木龙体肥痴，重千余斤，自辽之京、之兖、之济，由陆。济之杭，由水。杭之江、之萧山、之山阴、之余舍，水陆错。前后费至百金，所易价不与焉。呜呼，木龙可谓遇矣！

余磨其龙脑尺木，勒[3]铭志之，曰：“夜壑风雷，骞槎化石；海立山崩，烟云灭没；谓有龙焉，呼之或出。”又曰：“犹龙张子，尺木书铭；何以似之？秋涛夏云。”

【注释】

①漱击：吹打，冲击。

②鲁献王：应为鲁宪王，即朱寿鋐，万历二十九年（1601年）封鲁王，谥号宪王。

③勒：刻。

天砚

少年视砚，不得砚丑。徽州汪砚伯至，以古款废砚，立得重价，越中藏石俱尽。阅砚多，砚理出。曾托友人秦一生为余觅石，遍城中无有。山阴狱中大盗出一石，璞耳，索银二斤。余适往武林，一生造次[1]不能办，持示燕客。燕客指石中白眼曰：“黄牙臭口，堪留支桌。”赚[2]一生还盗。燕客夜以三十金攫去。命砚伯制一天砚，上五小星一大星，谱曰“五星拱月”。燕客恐一生见，铲去大小三星，止留三小星。一生知之，大懊恨，向余言。余笑曰：“犹子比儿[3]。”亟往索看。燕客捧出，赤比马肝，酥润如玉，背隐白丝，类玛瑙，指螺细篆，面三星坟起[4]如弩眼，着墨无声而墨沉烟起，一生痴痞[5]，口张而不能翕。燕客属余铭，铭曰：“女娲炼天，不分玉石；鳌血芦灰，烹霞铸日；星河溷扰，参横箕翕。”

【注释】

①造次：匆忙。

②赚：欺骗。

③犹子比儿：犹子，侄儿。作者意在安慰秦一生不必计较，砚在燕客手里和在他手里一样。

④坟起：突起。

⑤痴疮：呆痴。

卷　二

孔庙桧

己巳，至曲阜，谒孔庙，买门者门以入。宫墙上有楼耸出，匾曰“梁山伯祝英台读书处”，骇异之。进仪门，看孔子手植桧。桧历周、秦、汉、晋几千年，至晋怀帝永嘉三年而枯。枯三百有九年，子孙守之不毁，至隋恭帝义宁元年复生。生五十一年，至唐高宗乾封三年再枯。枯三百七十有四年，至宋仁宗康定元年再荣。至金宣宗贞祐三年罹于兵火，枝叶俱焚，仅存其干，高二丈有奇。后八十一年，元世祖三十一年再发。

至洪武二十二年己巳，发数枝，蓊郁；后十余年又落。摩其干，滑泽坚润，纹皆左纽，扣之作金石声。孔氏子孙恒视其荣枯，以占世运焉。再进一大亭，卧一碑，书“杏坛”二字，党英[①]笔也。亭界一桥，洙、泗水汇此。过桥，入大殿，殿壮丽，宣圣及四配、十哲[②]俱塑像冕旒。案上列铜鼎三、一牺、一象、一辟邪，款制遒古，浑身翡翠，以钉钉案上。阶下竖历代帝王碑记，独元碑高大，用风磨铜赑屃[③]，高丈余。左殿三楹，规模略小，为孔氏家庙。东西两壁，用小木匾书历代帝王祭文。西壁之隅，高皇帝殿焉。庙中凡明朝封号，俱置不用，总以见其大也。孔家人曰：“天下只三家人家：我家与江西张、凤阳朱而已。江西张，道士气；凤阳朱，暴发人家，小家气。”

【注释】

①党英：即党怀英，以书法闻名于世。

②宣圣：即孔子。四配：指复圣公颜子、宗圣公曾子、述圣公子思、亚圣公孟子这四位儒门圣贤，为孔子的配祀。十哲：指子渊、子骞、伯牛、仲弓、子有、子贡、子路、子我、子游、子夏这十位孔子门下最优秀的学生。

③赑屃（bì xì）：传说中能负重的龟形动物，古时碑座常雕为其形。

孔林

曲阜出北门五里许，为孔林。紫金城城之，门以楼，楼上见小山一点，正对东南者，峄山[①]也。折而西，有石虎、石羊三四，在榛莽中。过一桥，二水汇，泗水也。享殿后有子贡手植楷。楷大小千余本，鲁人取为材、为棋枰。享殿正对伯鱼墓，圣人葬其子得中气。由伯鱼墓折而右，为宣圣墓。去数丈，案一小山，小山之南为子思墓。数百武[②]之内，父、子、孙三墓在焉。谯周云："孔子死后，鲁人就冢次而居者百有余家，曰'孔里'。"《孔丛子》曰："夫子墓茔方一里，在鲁城北六里泗水上。"诸孔氏封五十余所，人名昭穆，不可复识。

有碑铭三，兽碣俱在。《皇览》[③]曰："弟子各以四方奇木来植，故多异树，不能名。一里之中未尝产棘木、荆草。"紫金城外，环而墓者数千家，三千二百余年，子孙列葬不他徙，从古帝王所不能比隆也。宣圣墓右有小屋三间，匾曰"子贡庐墓处"。盖自兖州至曲阜道上，时官以木坊表识，有曰"齐人归谨处"，有曰"子在川上处"，尚有义理；至泰山顶上，乃勒石曰"孔子小天下处"，则不觉失笑矣。

【注释】

①峄（yì）山：位于今山东邹县。

②武：步。

③《皇览》：三国魏文帝时所编供皇帝阅览的类书，共四十余部。

燕子矶

燕子矶，余三过之。水势湁潗[①]，舟人至此，捷捽[②]抒取，钩挽铁缆，蚁附而上。篷窗中见石骨棱层，撑拒水际，不喜而怖，不识岸上有如许境界。戊寅到京后，同吕吉士出观音门，游燕子矶。方晓佛地仙都，当面蹉过之矣。登关王殿，吴头楚尾，是侯用武之地，灵爽赫赫，须眉戟起。缘山走矶上，坐亭子，看江水瀊洌[3]，舟下如箭。折而南，走观音阁，度索上之。阁傍僧院，有峭壁千寻，碚礧[4]如铁；大枫数株，蓊以他树，森森冷绿，小楼痴对，便可十年面壁。今僧寮佛阁，故故背之，其心何忍？是年，余归浙，闵老子、王月生送至矶，饮石壁下。

【注释】

①滍濈（chì jí）：形容水奔腾汹涌的样子。

②捽（zuó）：抓。

③瀊（piē）洌：水流湍急。

④碚礧（bèi léi）：坚硬的石头。

鲁藩[1]烟火

兖州鲁藩烟火妙天下。烟火必张灯，鲁藩之灯，灯其殿、灯其壁、灯其楹柱、灯其屏、灯其座、灯其宫扇伞盖。诸王公子、宫娥僚属、队舞乐工，尽收为灯中景物。及放烟火，灯中景物又收为烟火中景物。天下之看灯者，看灯灯外；看烟火者，看烟火烟火外。未有身入灯中、光中、影中、烟中、火中，闪烁变幻，不知其为王宫内之烟火，亦不知其为烟火内之王宫也。

殿前搭木架数层，上放"黄蜂出窠""撒花盖顶""天花喷礴"。四旁珍珠帘八架，架高二丈许，每一帘嵌孝、悌、忠、信、礼、义、廉、耻一大字。每字高丈许，晶映高明。下以五色火漆塑狮、象、橐驼之属百余头，上骑百蛮，手中持象牙、犀角、珊瑚、玉斗诸器，器中实"千丈菊""千丈梨"诸火器，兽足蹑以车轮，腹内藏人。旋转其人，百蛮手中瓶花徐发，雁雁行行，且阵且走。移时，百兽口出火，尻[2]亦出火，纵横践踏。端门内外，烟焰蔽天，月不得明，露不得下。看者耳目攫夺，屡欲狂易[3]，恒内手持之。昔者有一苏州人，自夸其州中灯火之盛，曰："苏州此时有烟火，亦无处放，放亦不得上。"众曰："何也？"曰："此时天上被烟火挤住，无空隙处耳！"人笑其诞。于鲁府观之，殆不诬也。

【注释】

①鲁藩：洪武三年（1370年），朱元璋封其第十子朱檀为鲁王，后世代因袭。故名。

②尻（kāo）：脊骨的尾端。

③狂易：精神失常。

朱云崃女戏

朱云崃教女戏，非教戏也。未教戏，先教琴，先教琵琶，先教提琴、弦子、箫、管、鼓吹、歌舞，借戏为之，其实不专为戏也。郭汾阳、杨越公、王司徒女乐，当日未必有此。丝竹错杂，檀板清讴，入妙腠理，唱完以曲白终之，反觉多事矣。

西施歌舞，对舞者五人，长袖缓带，绕身若环，曾挠摩地，扶旋猗那，弱如秋药。女官内侍，执扇葆璇盖、金莲宝炬、纨扇、宫灯二十余人，光焰荧煌，锦绣纷叠，见者错愕。云老好胜，遇得意处，辄盱目[1]视客；得一赞语，辄走戏房，与诸姬道之，佹[2]出佹入，颇极劳顿。且闻云老多疑忌，诸姬曲房密户，重重封锁，夜犹躬自巡历，诸姬心憎之。有当御者，辄遁去，互相藏闪，只在曲房，无可觅处，必叱咤而罢。殷殷防护，日夜为劳，是无知老贱，自讨苦吃者也，堪为老年好色之戒。

【注释】

①盱（xū）目：瞪着眼睛看。

②佹（guǐ）：不时。

绍兴琴派

丙辰，学琴于王侣鹅。绍兴存王明泉派者推侣鹅，学《渔樵问答》《列子御风》《碧玉调》《水龙吟》《捣衣环珮声》等曲。

戌午，学琴于王本吾，半年得二十余曲：《雁落平沙》《山居吟》《静观吟》《清夜坐钟》《乌夜啼》《汉宫秋》《高山流水》《梅花弄》《淳化引》《沧江夜雨》《庄周梦》，又《胡笳十八拍》《普庵咒》等小曲十余种。王本吾指法圆静，微带油腔。余得其法，练熟还生，以涩勒出之，遂称合作。同学者，范与兰、尹尔韬、何紫翔、王士美、燕客、平子。与兰、士美、燕客、平子俱不成，紫翔得本吾之八九而微嫩，尔韬得本吾之八九而微迂。余曾与本吾、紫翔、尔韬取琴四张弹之，如出一手，听者骇服。后本吾而来越者，有张慎行、何明台，结实有余而萧散[1]不足，无出本吾上者。

【注释】

①萧散：这里指乐曲悠扬。

花石纲[1]遗石

越中无佳石。董文简斋中一石，磊块正骨，窋窕[2]数孔，疏爽明易，不作灵谲波诡，朱勔花石纲所遗，陆放翁家物也。文简竖之庭除[3]，石后种剔牙松一株，辟咡[4]负剑，与石意相得。文简轩其北，名"独石轩"，石之轩独之无异也。石篑先生读书其中，勒铭志之。

大江以南，花石纲遗石，以吴门徐清之家一石为石祖。石高丈五，朱勔移舟中，石盘沉太湖底，觅不得，遂不果行。后归乌程董氏，载至中流，船复覆。董氏破资募善入水者取之。先得其盘，诧异之，又溺水取石，石亦旋起，时人比之延津剑焉。后数十年，遂为徐氏有。再传至清之，以三百金竖之。石连底高二丈许，变幻百出，无可名状。大约如吴无奇游黄山，见一怪石，辄瞋目叫曰："岂有此理！岂有此理！"

【注释】

①花石纲：运输花木奇石的船队，十船为一纲。

②窋窡（zhú zhà）：这里指洞穴。

③除：台阶。

④咡（èr）：口旁，口耳间。

焦山[①]

仲叔守瓜州，余借住于园，无事辄登金山寺。风月清爽，二鼓，犹上妙高台，长江之险，遂同沟浍。

一日，放舟焦山，山更纡谲可喜。江曲涡山下，水望澄明，渊无潜甲[②]。海猪、海马，投饭起食，驯扰若豢鱼。看水晶殿，寻瘗[③]鹤铭，山无人杂，静若太古。回首瓜州，烟火城中，真如隔世。

饭饱睡足，新浴而出，走拜焦处士祠。见其轩冕黼黻[④]，夫人列坐，陪臣四，女官四，羽葆云罕[⑤]，俨然王者。盖土人奉为土谷，以王礼祀之。是犹以“杜十姨”配“伍髭须”，千古不能正其非也。处士有灵，不知走向何所？

【注释】

①焦山：汉末学者焦光的隐居之地，位于今江苏镇江。

②甲：泛指水生动物，如甲鱼之类。

③瘗（yì）：埋葬。

④黼黻（fǔ fú）：礼服上绣着的华美花纹。

⑤云罕：旌旗的别称。

表胜庵

炉峰石屋，为一金和尚结茅守土之地，后住锡柯桥融光寺。大父造表胜庵成，迎和尚还山住持，命余作启。启曰：“伏以丛林表胜，惭给孤之大地布金；天瓦安禅，冀宝掌自五天[①]飞锡。重来石塔，戒长老特为东坡；悬契松枝，万回师却逢西向。

去无作相，住亦随缘。伏惟九里山之精蓝，实是一金师之初地。偶听柯亭之竹笛，留滞人间；久虚石屋之烟霞，应超尘外。譬之孤天之鹤，尚眷旧枝；想彼弥空之云，亦归故岫。况兹胜域，宜兆异人，了住山之夙因，立开堂之新范。护门容虎，洗钵归龙。茗得先春，仍是寒泉风味；香来破腊，依然茅屋梅花。半月岩似与人猜，请大师试为标指；一片石正堪对语，听生公说到点头②。敬藉山灵，愿同石隐。倘静念结远公之社，定不攒眉；若居心如康乐③之流，自难开口。立返山中之驾，看回湖上之船，仰望慈悲，俯从大众。”

【注释】

①五天：指古印度。

②一片石正堪对语，听生公说到点头：出自晋代《莲社高贤传》。后来用“顽石点头”比喻道理说得透彻，使人心服口服。

③康乐：康乐公，即谢灵运。

梅花书屋

陔萼楼后老屋倾圮，余筑基四尺，造书屋一大间。旁广耳室如纱幮①，设卧榻。前后空地，后墙坛其趾，西瓜瓤大牡丹三株，花出墙上，岁满三百余朵。坛前西府二树，花时积三尺香雪。前四壁稍高，对面砌石台，插太湖石数峰。西溪梅骨古劲，滇茶数茎妩媚，其旁梅根种西番莲，缠绕如缨络②。窗外竹棚，密宝襄盖之。阶下翠草深三尺，秋海棠疏疏杂入。前后明窗，宝襄西府，渐作绿暗。余坐卧其中，非高流佳客，不得辄入。慕倪迂“清閟”③，又以“云林秘阁”名之。

【注释】

①纱幮（chú）：纱帐。

②缨络：同“璎珞”，指珠玉串起的饰品。

③倪迂“清閟”：元代书画家倪瓒家中的清閟阁，用于收藏图书名画。

不二斋

不二斋，高梧三丈，翠樾千重，墙西稍空，蜡梅补之，但有绿天，暑气不到。后窗墙高于槛，方竹数竿，潇潇洒洒，郑子昭“满耳秋声”横披一幅。天光下射，望空视之，晶沁如玻璃云母，坐者恒在清凉世界。图书四壁，充栋连床；鼎彝尊罍[①]，不移而具。余于左设石床竹几，帷之纱幕，以障蚊虻；绿暗侵纱，照面成碧。

夏日，建兰、茉莉，芗[②]泽浸人，沁入衣裾。重阳前后，移菊北窗下，菊盆五层，高下列之，颜色空明，天光晶映，如沉秋水。冬则梧叶落，蜡梅开，暖日晒窗，红炉毾㲪[③]。以昆石种水仙，列阶趾。春时，四壁下皆山兰，槛前芍药半亩，多有异本。余解衣盘礴[④]，寒暑未尝轻出。——思之如在隔世。

【注释】

①罍（léi）：古代用于装物品的容器。

②芗：同“香”。

③毾㲪（tà dēng）：毛毯。

④解衣盘礴：解开衣服，张开腿而坐。形容不受拘束。

沈梅冈

沈梅冈[①]先生忤相嵩，在狱十八年。读书之暇，旁攻艺匠，无斧锯，以片铁日夕磨之，遂铦利[②]。得香楠尺许，琢为文具一、大匣三、小匣七、壁锁二，棕竹数片为箑[③]一，为骨十八，以笋、以缝、以键，坚密肉好，巧匠谢不能事。夫人丐先文恭志公墓，持以为贽[④]，文恭拜受之。铭其匣曰：“十九年，中郎节。十八年，给谏匣。节邪匣邪，同一辙。”铭其箑曰：“塞外毡，饥可餐；狱中箑，尘莫干。前苏后沈名班班。”梅冈制，文恭铭，徐文长书，张应尧镌，人称四绝，余珍藏之。

又闻其以粥炼土，凡数年，范为铜鼓者二，声闻里许，胜暹罗⑤铜。

【注释】

①沈梅冈：即沈束，嘉靖进士，因得罪严嵩而入狱十八年。

②铦（xiān）利：锐利。

③箑（shà）：指扇子。

④贽（zhì）：初次拜见所送的礼物。

⑤暹（xiān）罗：泰国旧称。

岣嵝山房①

岣嵝山房，逼山、逼溪、逼弢光路，故无径不梁，无屋不阁。门外苍松傲睨，蓊以杂木，冷绿万顷，人面俱失。石桥低磴，可坐十人。寺僧刳②竹引泉，桥下交交牙牙，皆为竹节。天启甲子，余键户③其中者七阅月④，耳饱溪声，目饱清樾。

山上下，多西栗、边笋，甘芳无比。邻人以山房为市，蓏⑤果、羽族日致之，而独无鱼。乃潴溪为壑，系⑥巨鱼数十头。有客至，辄取鱼给鲜。日晡，必步冷泉亭、包园、飞来峰。

一日，缘溪走看佛像，口口骂杨髡。见一波斯坐龙象，蛮女四五献花果，皆裸形，勒石志之，乃真伽像也。余椎落其首，并碎诸蛮女，置溺溲处以报之。寺僧以余为椎佛也，咄咄作怪事；及知为杨髡，皆欢喜赞叹。

【注释】

①岣嵝（gǒu lǒu）山房：山顶。岣嵝山房，在杭州灵隐韬光山下，明末李茇所建。

②刳（kū）：剖。

③键户：不出门。

④七阅月：过去七个月。阅，经过。

⑤蓏（luǒ）：指瓜果。

⑥系：放养。

三世藏书

余家三世积书三万余卷。大父诏余曰："诸孙中惟尔好书，尔要看者，随意携去。"余简[①]太仆、文恭、大父丹铅所及，有手泽者存焉，汇以请。大父喜，命舁去，约二千余卷。天启乙丑，大父去世，余适往武林，父叔及诸弟、门客、匠指、臧获[②]、巢婢辈乱取之，三代遗书，一日尽失。

余自垂髫聚书四十年，不下三万卷。乙酉避兵入剡，略携数簏随行，而所存者，为方兵所据，日裂以吹烟，并舁至江干，籍甲内，挡箭弹，四十年所积，亦一日尽失。此吾家书运，亦复谁尤！

余因叹古今藏书之富，无过隋、唐。隋嘉则殿分三品，有红琉璃、绀琉璃、漆轴之异。殿垂锦幔，绕刻飞仙。帝幸书室，践暗机[③]，则飞仙收幔而上，橱扉自启；帝出，闭如初。隋之书计三十七万卷。唐迁内库书于东宫丽正殿，置修文、著作两院学士，得通籍出入。太府月给蜀都麻纸五千番，季给上谷墨三百三十六丸，岁给河间、景城、清河、博平四郡兔千五百皮为笔，以甲、乙、丙、丁为次。唐之书计二十万八千卷。我明中秘书不可胜计，即《永乐大典》一书，亦堆积数库焉。余书直九牛一毛耳，何足数哉！

【注释】

①简：拣选。

②臧获：奴婢。

③暗机：暗藏的机关。

卷　三

丝社

越中琴客不满五六人，经年不事操缦，琴安得佳？余结丝社，月必三会之。有小檄曰：“中郎[①]音癖，《清溪弄》三载乃成；贺令神交，《广陵散》千年不绝。器由神以合道，人易学而难精。幸生岩壑之乡，共志丝桐之雅。清泉磐石，援琴歌《水仙》之操，便足怡情；涧响松风，三者皆自然之声，正须类聚。偕我同志，爰立琴盟，约有常期，宁虚芳日。杂丝和竹，用以鼓吹清音；动操鸣弦，自令众山皆响。非关匣里，不在指头，东坡老方是解人；但识琴中，无劳弦上，元亮辈正堪佳侣。既调商角，翻信肉不如丝[②]；谐畅风神，雅羡心生于手。从容秘玩，莫令解秽于花奴；抑按盘桓，敢谓倦生于古乐。共怜同调之友声，用振丝坛之盛举。”

【注释】

①中郎：即蔡邕，世称蔡中郎。

②肉不如丝：歌喉唱得再动听，也不如丝弦弹出的曲子悦耳。

南镇祈梦

万历壬子，余年十六，祈梦于南镇[①]梦神之前，因作疏曰：“爰自混沌谱中，别开天地；华胥国里，早见春秋。梦两楹，梦赤舄，至人不无；梦蕉鹿，梦轩冕，痴人敢说。惟其无想无因，未尝梦乘车入鼠穴，捣齑啖铁杵；非其先知先觉，何以将得位梦棺器，得财梦秽矢，正在恍惚之交，俨若神明之赐。某也蹽跜[②]偃潴，轩翥[③]樊笼，顾影自怜，将谁以告？为人所玩，吾何以堪！一鸣惊人，赤壁鹤耶？局促辕下，南柯蚁耶？得时则驾，渭水熊耶？半榻蘧除，漆园蝶耶？神其诏我，或寝或吪；我得先知，何从何去。择此一阳之始，以祈六梦之正。功名志急，欲搔首而问天；祈祷心坚，故举头以抢地。轩辕氏圆梦鼎湖，已知一字而有一验；李卫公上书西岳，可云三问而三不灵。肃此以闻，惟神垂鉴。”

【注释】

①南镇：指会稽山。

②蹽跜（kuí ní）：盘踞。

③轩翥（zhù）：展翅翱翔。

禊[①]泉

惠山泉不渡钱塘，西兴脚子挑水过江，喃喃作怪事。有缙绅先生造大父，饮茗大佳，问曰：“何地水？”大父曰：“惠泉水。”缙绅先生[②]顾其价[③]曰：“我家逼近卫前，而不知打水吃，切记之。”董日铸先生常曰：“浓、热、满三字尽茶理，陆羽《经》可烧也。”两先生之言，足见绍兴人之村之朴。

余不能饮潟卤，又无力递惠山水。甲寅夏，过斑竹庵，取水啜之，磷磷有圭角[④]，异之。走看其色，如秋月霜空，噀天为白；又如轻岚出岫，缭松迷石，淡淡欲散。余仓卒见井口有字划，用帚刷之，“禊泉”字出，书法大似右军[⑤]，益异之。试茶，茶香发。新汲少有石腥，宿三日气方尽。辨禊泉者无他法，取水入口，第挢舌[⑥]舐腭，过颊即空，若无水可咽者，是为禊泉。好事者信之，汲日至，或取以酿酒，或开禊泉茶馆，或瓮而卖及馈送有司。董方伯守越，饮其水，甘之，恐不给，封锁禊泉，禊泉名日益重。会稽陶溪、萧山北干、杭州虎跑，皆非其伍，惠山差堪伯仲。在蠡城，惠泉亦劳而微热，此方鲜磊，亦胜一筹矣。长年卤莽，水递不至其地，易他水，余笞之，詈[7]同伴，谓发其私。及余辨是某地某井水，方信服。昔人水辨淄、渑，侈为异事。诸水到口，实实易辨，何待易牙？余友赵介臣亦不余信，同事久，别余去，曰："家下水实进口不得，须还我口去。"

【注释】

①禊（xì）：水边的祭礼，于春秋两季举行。

②缙（jìn）绅先生：地方上有势力、有名望的人。

③价（jiè）：仆人。

④圭角：圭玉的棱角。

⑤右军：指王羲之。

⑥挢（jiǎo）舌：翘起舌头。

⑦詈（lì）：斥骂。

兰雪茶

日铸[1]者，越王铸剑地也。茶味棱棱，有金石之气。欧阳永叔曰："两浙之茶，日铸第一。"王龟龄曰："龙山瑞草，日铸雪芽。"日铸名起此。京师茶客，有茶则至，意不在雪芽也，而雪芽利之，一如京茶式，不敢独异。三峨叔知松萝焙法，取瑞草试之，香扑冽。余曰："瑞草固佳，汉武帝食露盘，无补多欲；日铸茶薮，'牛虽瘠，偾于豚上[2]'也。"遂募歙人入日铸。

扚[3]法、掐法、挪法、撒法、扇法、炒法、焙法、藏法，一如松萝。他泉瀹之，香气不出，煮禊泉，投以小罐，则香太浓郁。杂入茉莉，再三较量，用敞口瓷瓯淡放之，候其冷；以旋滚汤冲泻之，色如竹箨方解，绿粉初匀；又如山窗初曙，透纸黎光。取清妃白，倾向素瓷，真如百茎素兰同雪涛并泻也。

雪芽得其色矣，未得其气，余戏呼之"兰雪"。四五年后，兰雪茶一哄如市焉。越之好事者，不食松萝，止[4]食兰雪。兰雪则食，以松萝而纂兰雪者亦食，盖松萝贬声价俯就兰雪，从俗也。乃近日徽歙间松萝亦名兰雪，向以松萝名者，封面系换，则又奇矣。

【注释】

①日铸：山名，日铸岭，位于今浙江绍兴，盛产茶，以“日铸”最为出名。

②牛虽瘠，偾（fèn）于豚上：再瘦弱的牛，倒在小猪身上，小猪也会被压死。这句话出自《左传》。

③扚（lì）：按。

④止：只。

白洋潮

故事[1]，三江看潮，实无潮看。午后喧传曰：“今年暗涨潮。”岁岁如之。戊寅八月，吊朱恒岳少师，至白洋，陈章侯、祁世培同席。海塘上呼看潮，余遄往，章侯、世培踵至。立塘上，见潮头一线，从海宁而来，直奔塘上。稍近，则隐隐露白，如驱千百群小鹅，擘翼[2]惊飞。渐近，喷沫，冰花蹴起，如百万雪狮蔽江而下，怒雷鞭之，万首镞镞[3]，无敢后先。再近，则飓风逼之，势欲拍岸而上。看者辟易[4]，走避塘下。潮到塘，尽力一礴，水击射，溅起数丈，著面皆湿。旋卷而右，龟山一挡，轰怒非常，炮碎龙湫，半空雪舞。看之惊眩，坐半日，颜始定。

先辈言：浙江潮头自龛、赭两山漱激而起。白洋在两山外，潮头更大，何耶？

【注释】

①故事：一贯的做法。

②擘（bò）翼：张开翅膀。

③镞镞（zú）：镞，箭头。这里形容快速。

④辟易：退避。

阳和泉

禊泉出城中，水递者[1]日至。臧获到庵借炊，索薪、索菜、索米，后索酒、索肉；无酒肉，辄挥老拳。僧苦之。无计脱此苦，乃罪泉，投之刍秽[2]。不已，乃决沟水败泉，泉大坏。张子知之，至禊井，命长年浚之。及半，见竹管积其下，皆黧胀作气；竹尽，见刍秽，又作奇臭。张子淘洗数次，俟泉至，泉实不坏，又甘洌。张子去，僧又坏之。不旋踵，至再、至三，卒不能救，禊泉竟坏矣。是时，食之而知其坏者半，食之不知其坏而仍食之者半，食之知其坏而无泉可食、不得已而仍食之者半。

壬申，有称阳和岭玉带泉者，张子试之，空灵不及禊而清洌过之。特以玉带名不雅驯。张子谓阳和岭实为余家祖墓，诞生我文恭，遗风余烈，与山水俱长。昔孤山泉出，东坡名之“六一”，今此泉名之“阳和”，至当不易。

盖生岭、生泉，俱在生文恭之前，不待文恭而天固已阳和之矣，夫复何疑？土人有好事者，恐玉带失其姓，遂勒石署之。且曰：“自张志禊泉而禊泉为张氏有，今琶山是其祖垄，擅之益易。立石署之，惧其夺也。”时有传其语者，阳和泉之名益著。铭曰：“有山如砺，有泉如砥。太史遗烈，落落磊磊。孤屿溢流，六一[3]擅之。千年巴蜀，实繁其齿；但言眉山，自属苏氏。”

【注释】

①水递者：运水的人。

②刍秽：干草。

③六一：指六一泉。

龙喷池

卧龙骧[1]首于耶溪，大池百仞出其颔下。六十年内，陵谷迁徙，水道分裂。崇祯已卯，余请太守檄，捐金纠[2]众，畚锸[3]千人，毁屋三十余间，开土壤二十余亩，辟除瓦砾刍秽千有余艘，伏道蜿蜒，偃潴澄靛，克还旧观。昔之日不通线道者，今可肆行舟楫矣。喜而铭之，铭曰：“蹴醒骊龙，如寐斯揭。不避逆鳞，扶其鲠噎[4]。潴蓄澄泓，煦湿濡沫。夜静水寒，颔珠如月。风雷逼之，扬鬐鼓鬣[5]。”

【注释】

①骧（xiāng）：高高抬起。

②纠（tǒu）：丝黄色。

③畚（běn）：用于装土的工具。锸（chā）：用于挖土的工具。

④不避逆鳞，扶其鲠噎：这里表示疏通水道的意思。

⑤鬐（qí）、鬣（liè）：指龙颈上的长毛。

朱文懿[1]家桂

桂以香山名，然覆墓木耳，北邙萧然，不堪久立。单醪河钱氏二桂，老而秃。独朱文懿公宅后一桂，干大如斗，枝叶溟蒙，樾荫亩许，下可坐客三四十席。不亭、不屋、不台、不栏、不砌，弃之篱落间。花时不许人入看，而主人亦禁足勿之往，听其自开自谢已耳。樗栎[2]以不材终其天年，其得力全在弃也。百岁老人多出蓬户，子孙第[3]厌其癃瘇[4]耳，何足称瑞。

【注释】

①朱文懿：朱赓，隆庆二年（1568年）进士，谥号文懿。著有《朱文懿文集》。

②樗栎（chū lì）：指庸才。

③第：只会。

④癃瘇（lóng zhǒng）：腿脚不利索。

逍遥楼

滇茶故不易得，亦未有老其材八十余年者。朱文懿公逍遥楼滇茶，为陈海樵先生手植，扶疏蓊翳，老而愈茂。诸文孙恐其力不胜葩[①]，岁删其萼盈斛，然所遗落枝头，犹自燔山熠谷焉。文懿公，张无垢后身。无垢降乩[②]与文懿，谈宿世因甚悉，约公某日面晤于逍遥楼。公伫立久之，有老人至，剧谈[③]良久，公殊不为意。但与公言："柯亭绿竹庵梁上，有残经一卷，可了之。"寻[④]别去，公始悟老人为无垢。次日，走绿竹庵，简梁上，有《维摩经》一部，缮写精良，后二卷未竟，盖无垢笔也。公取而续书之，如出一手。

先君言乩仙供余家寿芝楼，悬笔挂壁间，有事辄自动，扶下书之，有奇验。娠祈子，病祈药，赐丹诏取某处，立应。先君祈嗣，诏取丹于某簏临川笔内，簏[⑤]失钥闭久，先君简视之，镄自出觚管中，有金丹一粒，先宜人吞之，即娠余。朱文懿公有姬媵，陈夫人狮子吼，公苦之。祷于仙，求化妒丹。乩书曰："难，难！丹在公枕内。"取以进夫人，夫人服之，语人曰："老头子有仙丹，不饷诸婢，而余是饷[⑥]，尚昵余。"与公相好如初。

【注释】

①力不胜葩：茎枝无法承受花朵的重量。

②乩（jī）：占卜。

③剧谈：畅谈。

④寻：没过多久。

⑤簏（lù）：用竹篾编的篓，用于盛放物品。

⑥饷：吃。

包涵所

西湖之船有楼，实包副使涵所创为之。大小三号：头号置歌筵，储歌童；次载书画；再次偫[1]美人。涵老声伎非侍妾比，仿石季伦、宋子京家法，都令见客，常靓妆走马，媻姗勃窣[2]，穿柳过之，以为笑乐。明槛绮疏，曼讴[3]其下，擫籥[4]弹筝，声如莺试。客至，则歌童演剧，队舞鼓吹，无不绝伦。乘兴一出，住必浃旬[5]，观者相逐，问其所止。

南园在雷峰塔下，北园在飞来峰下。两地皆石薮，积牒磊砢[6]，无非奇峭。但亦借作溪涧桥梁，不于山上叠山，大有文理[7]。大厅以拱斗抬梁，偷[8]其中间四柱，队舞狮子甚畅。北园作八卦房，园亭如规，分作八格，形如扇面。当其狭处，横亘一床，帐前后开合，下里帐则床向外，下外帐则床向内。涵老居其中，扃上开明窗，焚香倚枕，则八床面面皆出。穷奢极欲，老于西湖者二十年。金谷、郿坞，着一毫寒俭不得，索性繁华到底，亦杭州人所谓“左右是左右[9]”也。西湖大家，何所不有，西子有时亦贮金屋。咄咄书空[10]，则穷措大[11]耳。

【注释】

①偫（zhì）：储备。

②媻（pán）姗勃窣：走路缓慢。

③曼讴：形容舞姿优美，音乐轻快。

④擫籥（yè yuè）：演奏乐器。

⑤浃旬：一旬，即十天。

⑥积牒磊砢（luǒ）：许多石头垒在一起。

⑦大有文理：别出心裁。

⑧偷：减省。

⑨左右是左右：就是这么回事。

⑩咄咄书空：指懊悔、失意。

⑪穷措大：穷酸的读书人，带有轻贬的意味。

斗鸡社

天启壬戌间好斗鸡，设斗鸡社于龙山下，仿王勃《斗鸡檄》，檄同社。仲叔秦一生日携古董、书画、文锦、川扇等物与余博，余鸡屡胜之。仲叔忿懑，金其距，介其羽，凡足以助其膈膊翻咮[①]者，无遗策。人有言徐州武阳侯樊哙子孙，斗鸡雄天下，长颈乌喙，能于高桌上啄粟。仲叔心动，密遣使访之，又不得，益忿懑。一日，余阅稗史，有言唐玄宗以酉年酉月生，好斗鸡而亡其国。余亦酉年酉月生，遂止。

【注释】

①膈膊翻咮（bì bó táo zhòu）：膈膊，奋翅鼓翼之声。翻咮，张喙鸣叫。

栖霞

戊寅冬，余携竹兜一、苍头[①]一，游栖霞，三宿之。山上下左右鳞次而栉比之，岩石颇佳，尽刻佛像，与杭州飞来峰同受黥劓[②]，是大可恨事。山顶怪石巉岏[③]，灌木苍郁，有颠僧住之。与余谈，荒诞有奇理，惜不得穷诘之。日晡，上摄山顶观霞，非复霞理，余坐石上痴对。复走庵后，看长江帆影，老鹳河、黄天荡，条条出麓下，悄然有山河辽廓之感。一客盘礴余前，熟视余，余晋与揖，问之，为萧伯玉先生，因坐与剧谈，庵僧设茶供。伯玉问及补陀[④]，余适以是年朝海归，谈之甚悉。《补陀志》方成，在箧底，出示伯玉，伯玉大喜，为余作叙。取火下山，拉与同寓宿，夜长，无不谈之，伯玉强余再留一宿。

【注释】

①苍头：奴仆。

②黥劓（qíng yì）：古代刑罚，这里借指自然风景遭到的破坏。

③巉岏（chán wán）：山石高耸、尖锐。

④补陀：指今浙江普陀山。

湖心亭看雪

崇祯五年十二月，余住西湖。大雪三日，湖中人鸟声俱绝。是日更定[①]矣，余拏[②]一小舟，拥毳衣[③]炉火，独往湖心亭看雪。雾凇沆砀[④]，天与云、与山、与水，上下一白。湖上影子，惟长堤一痕，湖心亭一点，与余舟一芥，舟中人两三粒而已。

到亭上，有两人铺毡对坐，一童子烧酒，炉正沸。见余大喜，曰："湖中焉得更有此人！"拉余同饮。余强饮三大白[⑤]而别。问其姓氏，是金陵人，客此。及下船，舟子喃喃曰："莫说相公痴，更有痴似相公者。"

【注释】

①更定：初更之后，相当于现在的晚上八九点。

②拏（ná）：指划船。

③毳（cuì）衣：古代的一种衣服，由毛皮制成。

④沆砀（hàng dàng）：烟雾缭绕的样子。

⑤大白：大的酒杯。

卷　四

不系园

甲戌十月，携楚生住不系园看红叶。至定香桥，客不期而至者八人：南京曾波臣，东阳赵纯卿，金坛彭天锡，诸暨陈章侯，杭州杨与民、陆九、罗三，女伶陈素芝。余留饮。章侯携缣素[1]为纯卿画古佛，波臣为纯卿写照，杨与民弹三弦子，罗三唱曲，陆九吹箫。与民复出寸许界尺，据小梧[2]，用北调说《金瓶梅》一剧，使人绝倒。是夜，彭天锡与罗三、与民串本腔戏，妙绝；与楚生、素芝串调腔戏，又复妙绝。章侯唱村落小歌，余取琴和之，牙牙如语。纯卿笑曰："恨弟无一长以侑[3]兄辈酒。"余曰："唐裴将军旻居丧，请吴道子画天宫壁度亡母。道子曰：'将军为我舞剑一回，庶因猛厉，以通幽冥。'旻脱缞衣[4]缠结，上马驰骤，挥剑入云，高十数丈，若电光下射，执鞘承之，剑透室而入，观者惊栗。道子奋袂如风，画壁立就。章侯为纯卿画佛，而纯卿舞剑，正今日事也。"纯卿跳身起，取其竹节鞭，重三十斤，作胡旋舞数缠，大噱[5]而罢。

【注释】

①缣（jiān）素：细丝绢，古人常用于书写作画。

②小梧（wú）：木制的架子。

③侑（yòu）：劝人喝酒。

④缞（cuī）衣：丧服。

⑤噱（xué）：大声地笑。

兖州阅武

辛未三月，余至兖州，见直指[1]阅武。马骑三千，步兵七千，军容甚壮。马蹄卒步，滔滔旷旷，眼与俱驶，猛掣始回。

其阵法奇在变换，旝[②]动而鼓，左抽右旋，疾若风雨。阵既成列，则进图直指前，立一牌曰："某阵变某阵。"连变十余阵，奇不在整齐而在便捷。扮敌人百余骑，数里外烟尘坌[③]起。迾[④]卒五骑，小如黑子，顷刻驰至，入辕门报警。建大将旗鼓，出奇设伏。敌骑突至，一鼓成擒，俘献中军。内以姣童扮女三四十骑，荷旃被毳，绣袪[⑤]魋结[⑥]，马上走解，颠倒横竖，借骑翻腾，柔如无骨。乐奏马上，三弦、胡拨、琥珀词、四上儿、密失叉儿机、僸佅兜离[⑦]，罔不毕集，在直指筵前供唱，北调淫俚，曲尽其妙。是年，参将罗某，北人，所扮者皆其歌童外宅，故极姣丽，恐易人为之，未必能尔也。

【注释】

①直指：古时到地方处理政事的官员，由朝廷直接指派。

②旝（kuài）：古代军队中用于传达命令的令旗。

③坌（bèn）：扬起。

④迾（liè）：警戒。

⑤袪（qū）：衣袖。

⑥魋（tuí）结：发髻。

⑦僸佅（jìn mài）兜离：古代对少数民族音乐的泛称。

牛首山打猎

戊寅冬，余在留都[①]，同族人隆平侯与其弟勋卫、甥赵忻城，贵州杨爱生，扬州顾不盈，余友吕吉士、姚简叔，姬侍王月生、顾眉、董白、李十、杨能，取戎衣衣[②]客，并衣姬侍。

姬侍服大红锦狐嵌箭衣、昭君套，乘款段马，鞲青骹[③]，绁韩卢[④]，铳箭手百余人，旗帜棍棒称是，出南门，校猎于牛首山前后，极驰骤纵送之乐。得鹿一、麂三、兔四、雉三、猫狸七。看剧于献花岩，宿于祖茔。次日午后猎归，出鹿麂以飨士，复纵饮于隆平家。江南不晓猎较为何事，余见之图画戏剧，今身亲为之，果称雄快。然自须勋戚豪右为之，寒酸不办也。

【注释】

①留都：这里指南京。

②衣（yì）：此处为动词，指穿。

③鞲（gōu）：用皮革制成的臂套，常在射箭时使用。青骹（xiāo）：猎鹰的一种。

④绁（xiè）：拴着。韩卢：韩国所产的名犬，这里泛指善跑的狗。

杨神庙台阁

枫桥杨神庙，九月迎台阁。十年前迎台阁，台阁而已；自骆氏兄弟主之，一以思致文理为之。扮马上故事二三十骑，扮传奇[①]一本，年年换，三日亦三换之。其人与传奇中人必酷肖方用，全在未扮时，一指点为某似某，非人人绝倒者不之用。迎后，如扮胡梿者，直呼为胡梿，遂无不胡梿之[②]，而此人反失其姓。人定，然后议扮法，必裂缯为之。果其人其袍铠须某色、某缎、某花样，虽匹锦数十金不惜也。一冠一履，主人全副精神在焉。

诸友中有能生造刻画者，一月前礼聘至，匠意为之，唯其使。装束备，先期扮演，非百口叫绝，又不用。故一人一骑，其中思致文理，如玩古董名画，一勾一勒，不得放过焉。土人有小小灾祲[③]，辄以小白旗一面，到庙禳[④]之，所积盈库。是日以一竿穿旗三四，一人持竿三四，走神前，长可七八里，如几百万白蝴蝶，回翔盘礴在山坳树隙。四方来观者数十万人。市枫桥下，亦摊亦篷。台阁上马，上有金珠宝石堕地，拾者如有物凭焉不能去，必送还神前；其在树丛田坎间者，问神，辄示其处，不或爽。

【注释】

①传奇：指戏曲。

②胡梿之：以胡梿称之。

③灾祲（jìn）：灾祸。

④禳（ráng）：祈祷消灾。

雪精

外祖陶兰风先生，倅[①]寿州，得白骡，蹄跲都白，日行二百里，畜署中。寿州人病噎嗝[②]，辄取其尿疗之。凡告期，乞骡尿状，常十数纸。外祖以木香沁其尿，诏百姓来取。后致仕归，捐馆，舅氏啬轩解骖赠余。余豢之十年许，实未尝具一日草料。日夜听其自出觅食，视其腹未尝不饱，然亦不晓其何从得饱也。天曙，必至门祗候，进厩候驱策，至午勿御，仍出觅食如故。后渐跋扈难御，见余则驯服不动，跨鞍去如箭，易人则咆哮蹄啮，百计鞭策之不应也。一日，与风马[③]争道城上，失足堕濠堑死，余命葬之，谥之曰“雪精”。

【注释】

①倅（cuì）：任副职。

②噎嗝：吞咽困难、呕吐的病症，这里指食管癌。

③风马：走失、放养的马。

严助庙

陶堰司徒庙，汉会稽太守严助庙也。岁上元设供，任事者聚族谋之终岁。凡山物粗粗（虎、豹、麋鹿、獾猪之类），海物噩噩（江豚、海马、鲟黄、鲨鱼之类），陆物痴痴（猪必三百斤，羊必二百斤，一日一换。鸡、鹅、凫、鸭之属，不极肥不上贡），水物唫唫[①]（凡虾、鱼、蟹、蚌之类，无不鲜活），羽物毨毨[②]（孔雀、白鹇、锦鸡、白鹦鹉之属，即生供之），毛物毧毧（白鹿、白兔、活貂鼠之属，亦生供之），洎[③]非地（闽鲜荔枝、圆眼、北苹婆果、沙果、文官果之类）、非天（桃、梅、李、杏、杨梅、枇杷、樱桃之属，收藏如新撷）、非制（熊掌、猩唇、豹胎之属）、非性（酒醉、蜜饯之类）、非理（云南蜜唧、峨眉雪蛆之类）、非想（天花龙蜓、雕镂瓜枣、捻塑米面之类）之物，无不集。庭实之盛，自帝王宗庙社稷坛壝[4]所不能比隆者。

十三日，以大船二十艘载盘軨[5]，以童崽扮故事，无甚文理，以多为胜。城中及村落人，水逐陆奔，随路兜截，转折看之，谓之“看灯头”。五夜，夜在庙演剧，梨园必倩越中上三班，或雇自武林者，缠头[6]日数万钱。唱《伯喈》《荆钗》，一老者坐台下对院本，一字脱落，群起噪之，又开场重做。越中有“全伯喈”“全荆钗”之名起此。天启三年，余兄弟携南院王岑、老串杨四、徐孟雅、圆社河南张大来辈往观之。到庙蹴鞠，张大来以“一丁泥”“一串珠”名世。球着足，浑身旋滚，一似粘疐[7]有胶、提掇有线、穿插有孔者，人人叫绝。剧至半，王岑扮李三娘，杨四扮火工窦老，徐孟雅扮洪一嫂，马小卿十二岁扮咬脐，串《磨房》《撇池》《送子》《出猎》四出。科诨曲白，妙入筋髓，又复叫绝。遂解维归。戏场气夺，锣不得响，灯不得亮。

【注释】

①唅唅（yǎn）：鱼浮在水面张口呼吸的样子。

②毨毨（xiǎn）：形容羽毛很整洁的样子。

③洎（jì）：及。

④壝（wéi）：古代指祭坛四周的矮墙。

⑤軨（líng）：古时车子左右两边的木栏。

⑥缠头：指艺人表演结束后获赠的财物。

⑦疐（zhì）：停下。

二十四桥风月

广陵二十四桥风月，邗沟[1]尚存其意。渡钞关，横亘半里许，为巷者九条。巷故九，凡周旋折旋于巷之左右前后者，什百之。巷口狭而肠曲，寸寸节节，有精房密户，名妓、歪妓杂处之。名妓匿不见人，非向导莫得入。歪妓多可五六百人，每日傍晚，膏沐熏烧，出巷口，倚徙盘礴于茶馆、酒肆之前，谓之“站关”。茶馆、酒肆，岸上纱灯百盏，诸妓掩映闪灭于其间，鲃鳖[2]者帘，雄趾者阈[3]。灯前月下，人无正色，所谓“一白能遮百丑”者，粉之力也。游子过客，往来如梭，摩睛相觑，有当意者，逼前牵之去，而是妓忽出身分，肃客先行，自缓步尾之。至巷口，有侦伺者，向巷门呼曰：“某姐有客了！”内应声如雷。火燎即出，一一俱去，剩者不过二三十人。

沉沉二漏，灯烛将烬，茶馆黑魆无人声。茶博士不好请出，惟作呵欠，而诸妓醵钱[4]向茶博士买烛寸许，以待迟客。或发娇声，唱《劈破玉》等小词，或自相谑浪嘻笑，故作热闹，以乱时候。然笑言哑哑声中，渐带凄楚。夜分不得不去，悄然摸黑如鬼，见老鸨，受饿、受笞，俱不可知矣。余族弟卓如，美须髯，有情痴，善笑，到钞关必狎妓，向余噱曰：“弟今日之乐，不减王公。”余曰：“何谓也？”曰：“王公大人侍妾数百，到晚耽耽望幸，当御者不过一人。弟过钞关，美人数百人，目挑心招，视我如潘安，弟颐指气使，任意拣择，亦必得一当意者呼而侍我。王公大人，岂过我哉！”复大噱，余亦大噱。

【注释】

①邗（hán）沟：春秋时吴国开凿的古运河。

②鲃鳖（lì）：皮肤不细腻。

③阈（yù）：门槛，这里为动词，意思是在门内。

④醵（jù）钱：集资。

世美堂灯

儿时跨苍头颈，犹及见王新建灯。灯皆贵重华美，珠灯料丝无论，即羊角灯亦描金细画，缨络罩之。悬灯百盏尚须秉烛而行，大是闷人。余见《水浒传》“灯景诗”有云：“楼台上下火照火，车马往来人看人。”已尽灯理。余谓灯不在多，总求一亮。余每放灯，必用如椽大烛，专令数人剪卸烬煤，故光迸重垣，无微不见。十年前，里人有李某者，为闽中二尹，抚台委其造灯，选雕佛匠，穷工极巧，造灯十架，凡两年，灯成而抚台已物故[①]，携归藏椟中。又十年许，知余好灯，举以相赠，余酬之五十金，十不当一，是为主灯。遂以烧珠、料丝、羊角、剔纱诸灯辅之。而友人有夏耳金者，剪彩为花，巧夺天工，罩以冰纱，有烟笼芍药之致。更用粗铁线界画规矩，匠意出样，剔纱为蜀锦，䰋[②]其界地，鲜艳出人。耳金岁供镇神，必造灯一盏，灯后，余每以善价购之。余一小傒[③]善收藏，虽纸灯亦十年不得坏，故灯日富。又从南京得赵士元夹纱屏及灯带数副，皆属鬼工，决非人力。灯宵，出其所有，便称胜事。鼓吹弦索，厮养臧获，皆能为之。

有苍头善制盆花，夏间以羊毛炼泥墩，高二尺许，筑"地涌金莲"，声同雷炮，花盖亩余。不用煞拍鼓铙，清吹唢呐应之，望花缓急为唢呐缓急，望花高下为唢呐高下。灯不演剧，则灯意不酣；然无队舞鼓吹，则灯焰不发。余敕小傒串元剧四五十本。演元剧四出，则队舞一回，鼓吹一回，弦索一回。其间浓淡、繁简、松实之妙，全在主人位置。使易人易地为之，自不能尔尔。故越中夸灯事之盛，必曰"世美堂灯"。

【注释】

①物故：去世。

②䰋（mán）：铺上作为装饰。

③小傒（xī）：小厮，小男仆。

宁了

大父母喜豢珍禽：舞鹤三对、白鹇[①]一对，孔雀二对，吐绶鸡[②]一只，白鹦鹉、鸜哥、绿鹦鹉十数架。一异鸟名"宁了"，身小如鸽，黑翎如八哥，能作人语，绝不含糊。大母呼媵婢，辄应声曰："某丫头，太太叫！"有客至，叫曰："太太，客来了，看茶。"有一新娘子善睡，黎明辄呼曰："新娘子，天明了，起来吧。太太叫，快起来！"不起，辄骂曰："新娘子，臭淫妇，浪蹄子！”新娘子恨甚，置毒药杀之。“宁了”疑即“秦吉了”[3]，蜀叙州出，能人言。一日夷人买去，惊死，其灵异酷似之。

【注释】

①白鹇（xián）：即白雉，长尾鸟，常栖息于竹林间。

②吐绶鸡：即火鸡，原产地为北美洲。

③秦吉了：也叫作鹩，能模仿人的语言或其他动物的叫声。

张氏声伎

谢太傅不畜声伎，曰：“畏解，故不畜。”王右军曰：“老年赖丝竹陶写[1]，恒恐儿辈觉。”曰“解”，曰“觉”，古人用字深确。盖声音之道，入人最微，一解则自不能已，一觉则自不能禁也。我家声伎，前世无之，自大父于万历年间与范长白、邹愚公、黄贞父、包涵所诸先生讲究此道，遂破天荒为之。有“可餐班”，以张彩、王可餐、何闰、张福寿名；次则“武陵班”，以何韵士、傅吉甫、夏清之名；再次则“梯仙班”，以高眉生、李岕生、马蓝生名；再次则“吴郡班”，以王畹生、夏汝开、杨啸生名；再次则“苏小小班”，以马小卿、潘小妃名；再次则平子“茂苑班”，以李含香、顾岕竹、应楚烟、杨騄駬[2]名。

主人解事日精一日，而傒童技艺亦愈出愈奇。余历年半百，小傒自小而老、老而复小、小而复老者，凡五易之。无论“可餐”“武陵”诸人，如三代法物，不可复见；“梯仙”“吴郡”，间有存者，皆为佝偻老人；而“苏小小班”亦强半化为异物矣；“茂苑班”则吾弟先去，而诸人再易其主。余则婆娑一老，以碧眼波斯，尚能别其妍丑。山中人至海上归，种种海错[3]，皆在其眼，请共舐之。

【注释】

①陶写：怡情悦性，消解烦忧。

②騄駬（lù ěr）：原为骏马，这里指人名。

③海错：海味。

卷 五

范长白

范长白[①]园在天平山下，万石都焉。龙性难驯，石皆笏起，旁为范文正墓。园外有长堤，桃柳曲桥，蟠屈湖面，桥尽抵园，园门故作低小，进门则长廊复壁，直达山麓。其绘楼、幔阁、秘室、曲房，故故匿之，不使人见也。山之左为桃源，峭壁回湍，桃花片片流出。右孤山，种梅千树。渡涧为小兰亭，茂林修竹，曲水流觞，件件有之。竹大如椽，明静娟洁，打磨滑泽如扇骨，是则兰亭所无也。地必古迹，名必古人，此是主人学问。但桃则溪之，梅则屿之，竹则林之，尽可自名其家，不必寄人篱下也。

余至，主人出见。主人与大父同籍，以奇丑著。是日释褐，大父嬲[②]之曰："丑不冠带，范年兄亦冠带了也。"人传以笑。余亟欲一见。及出，状貌果奇，似羊肚石雕一小猱，其鼻垩颧颐犹残缺失次也。冠履精洁，若谐谑谈笑面目中不应有此。开山堂小饮，绮疏藻幕，备极华褥，秘阁清讴，丝竹摇飏，忽出层垣，知为女乐。饮罢，又移席小兰亭，比晚辞去。主人曰："宽坐，请看少焉。"余不解，主人曰："吾乡有缙绅先生，喜调文袋，以《赤壁赋》有'少焉月出于东山之上'句，遂字月为'少焉'。顷言[③]'少焉'者，月也。"故留看月，晚景果妙。主人曰："四方客来，都不及见小园雪，山石岭岈[④]，银涛蹴起，掀翻五泄，捣碎龙湫，世上伟观，惜不令宗子见也。"步月而出，至玄墓，宿葆生叔书画舫中。

【注释】

①范长白：范允临，号长白，明万历二十三年（1595年）进士，范仲淹第十七代孙。

②嬲（niǎo）：嘲弄。

③顷言：方才说的。

④蛤岈（hán yá）：幽静深远。

于园

于园在瓜州步五里铺，富人于五所园也。非显者刺[①]，则门钥不得出。葆生叔同知瓜州，携余往，主人处处款之。园中无他奇，奇在磥石。前堂石坡高二丈，上植果子松数棵，缘坡植牡丹、芍药，人不得上，以实奇。后厅临大池，池中奇峰绝壑，陡上陡下，人走池底，仰视莲花，反在天上，以空奇。卧房槛外，一壑旋下，如螺蛳缠，以幽阴深邃奇。再后一水阁，长如艇子，跨小河，四围灌木蒙丛[②]，禽鸟啾唧，如深山茂林，坐其中，颓然[③]碧窈[④]。瓜州诸园亭，俱以假山显，胎于石，娠于磥石之手，男女于琢磨搜剔之主人，至于园可无憾矣。

仪真汪园，輂石费至四五万，其所最加意者，为"飞来"一峰，阴翳泥泞，供人唾骂。余见其弃地下一白石，高一丈、阔二丈而痴，痴妙；一黑石，阔八尺、高丈五而瘦，瘦妙。得此二石足矣，省下二三万收其子母，以世守此二石何如？

【注释】

①刺：名帖。

②蒙丛：这里形容灌木丛生的样子。

③颓然：和顺。

④碧窈：碧绿幽深。

姚简叔画

姚简叔画千古，人亦千古。戊寅，简叔客魏为上宾。余寓桃叶渡，往来者闵汶水、曾波臣一二人而已。简叔无半面交，访余，一见如平生欢，遂榻余寓。与余料理米盐之事，不使余知。

有空，则拉余饮淮上馆，潦倒而归。京中诸勋戚、大老、朋侪、缁衲、高人、名妓与简叔交者，必使交余，无或遗者。与余同起居者十日，有苍头至，方知其有妾在寓也。简叔塞渊，不露聪明，为人落落难合，孤意一往，使人不可亲疏。与余交，不知何缘，反而求之不得也。

访友报恩寺，出册叶百方，宋元名笔。简叔眼光透入重纸，据梧[①]精思，面无人色。及归，为余仿苏汉臣：一图；小儿方据澡盆浴，一脚入水，一脚退缩欲出；宫人蹲盆侧，一手掖儿，一手为儿擤鼻涕；旁坐宫娥，一儿浴起伏其膝，为结绣裾[②]。一图，宫娥盛装端立，有所俟，双鬟尾之；一侍儿捧盘，盘列二瓯，意色向客；一宫娥持其盘，为整茶锹[③]，详视端谨。复视原本，一笔不失。

【注释】

①据梧：靠在梧几上。

②裾（jué）：短衫。

③锹（qiāo）：匙子。

炉峰月

炉峰绝顶，复岫回峦[①]，斗耸相乱，千丈岩陬牙横梧[②]，两石不相接者丈许，俯身下视，足震慑不得前。王文成少年曾趵[③]而过，人服其胆。余叔尔蕴以毡裹体，缒而下，余挟二樵子，从壑底搲而上，可谓痴绝。

丁卯四月，余读书天瓦庵，午后同二三友人登绝顶，看落照。一友曰："少需之，俟月出去。胜期难再得，纵遇虎，亦命也。且虎亦有道，夜则下山觅豚犬食耳，渠上山亦看月耶？"语亦有理。四人踞坐金简石上。

是日，月政望，日没月出，山中草木都发光怪，悄然生恐。月白路明，相与策杖而下。行未数武，半山嘄呼[④]，乃余苍头同山僧七八人，持火燎、鞠刀、木棍，疑余辈遇虎失路，缘山叫喊耳。余接声应，奔而上，扶掖下之。

次日，山背有人言："昨晚更定，有火燎数十把，大盗百余人，过张公岭，不知出何地？"吾辈匿笑不之语。谢灵运开山临澥，从者数百人，太守王琇惊骇，谓是山贼，及知为灵运，乃安。吾辈是夜不以山贼缚献太守，亦幸矣。

【注释】

①复岫（xiù）回峦：山连绵起伏的样子。

②阨牙横梧：形容山峦曲曲折折，交错起伏。

③趵（bào）：跳。

④噭（jiào）呼：大喊大叫。

湘湖

西湖，田也而湖之，成湖焉；湘湖，亦田也而湖之，不成湖焉。湖西湖者，坡公也，有意于湖而湖之者也；湖湘湖者，任长者也，不愿湖而湖之者也。任长者有湘湖田数百顷，称巨富。有术者相其一夜而贫，不信。县官请湖湘湖，灌萧山田，诏湖之，而长者之田一夜失，遂赤贫如术者言。今虽湖，尚田也，不下插板，不筑堰，则水立涸。是以湖中水道，非熟于湖者不能行咫尺。游湖者坚欲去，必寻湖中小船与湖中识水道之人，溯十阏[①]三，鲠咽不之畅焉。湖里外锁以桥，里湖愈佳。盖西湖止一湖心亭为眼中黑子，湘湖皆小阜、小墩、小山，乱插水面，四围山趾，棱棱砺砺，濡足入水，尤为奇峭。

余谓西湖如名妓，人人得而媟亵[②]之；鉴湖如闺秀，可钦而不可狎；湘湖如处子，视娗[③]羞涩，犹及见其未嫁时也。此是定评，确不可易。

【注释】

①阏（è）：堵塞。

②媟（xiè）亵：举止轻薄，指不尊重。

③视娗（tiǎn）：害羞。

柳敬亭说书

南京柳麻子，黧黑，满面疤瘤，悠悠忽忽[①]，土木形骸[②]，善说书。一日说书一回，定价一两。十日前先送书帕下定，常不得空。南京一时有两行情人[③]：王月生、柳麻子是也。余听其说《景阳冈武松打虎》白文，与本传大异。其描写刻画，微入毫发，然又找截干净，并不唠叨。哱夬[④]声如巨钟，说至筋节处，叱咤叫喊，汹汹崩屋。武松到店沽酒，店内无人，謈[⑤]地一吼，店中空缸空甓皆瓮瓮有声。闲中着色，细微至此。主人必屏息静坐，倾耳听之，彼方掉舌。稍见下人呫哔耳语[⑥]，听者欠伸有倦色，辄不言，故不得强。每至丙夜，拭桌剪灯，素瓷静递，款款言之，其疾徐轻重，吞吐抑扬，入情入理，入筋入骨。摘世上说书之耳而使之谛听，不怕其不齰[⑦]舌死也。柳麻子貌奇丑，然其口角波俏，眼目流利，衣服恬静，直与王月生同其婉娈，故其行情正等。

【注释】

①悠悠忽忽：闲适的样子。

②土木形骸：像土木一样自然，形容未经任何修饰，性格真率，放荡不羁。

③行情人：红人，受欢迎者。

④哱夬（guài）：语调高昂。

⑤謈（bó）：喊叫。

⑥呫哔（tiè bì）耳语：低声耳语。

⑦齰（zé）：啃。

虎丘中秋夜

虎丘八月半，土著流寓、士夫眷属、女乐声伎、曲中名妓戏婆、民间少妇好女、崽子娈童，及游冶恶少、清客帮闲、傒僮走空之辈，无不鳞集。自生公台、千人石、鹤涧、剑池、申文定祠下，至试剑石、一二山门，皆铺毡席地坐，登高望之，如雁落平沙，霞铺江上。天暝月上，鼓吹百十处，大吹大擂，十番铙钹，渔阳掺挝[①]，动地翻天，雷轰鼎沸，呼叫不闻。更定，鼓铙渐歇，丝管繁兴，杂以歌唱，皆"锦帆开""澄湖万顷"同场大曲，蹲踏和锣丝竹肉声，不辨拍煞。更深，人渐散去，士夫眷属皆下船水嬉，席席征歌，人人献技，南北杂之，管弦迭奏，听者方辨句字，藻鉴[②]随之。二鼓人静，悉屏管弦，洞箫一缕，哀涩清绵，与肉相引，尚存三四，迭更为之。三鼓，月孤气肃，人皆寂阒，不杂蚊虻。一夫登场，高坐石上，不箫不拍，声出如丝，裂石穿云，串度抑扬，一字一刻。听者寻入针芥[③]，心血为枯，不敢击节，惟有点头。然此时雁比而坐者，犹存百十人焉。使非苏州，焉讨识者[④]！

【注释】

①渔阳掺挝（zhuā）：鼓曲的名称。

②藻鉴：品鉴。

③针芥：微小处。

④识者：知己，知音。

扬州清明

扬州清明日，城中男女毕出，家家展墓[①]。虽家有数墓，日必展之。故轻车骏马，箫鼓画船，转折再三，不辞往复。监门小户亦携肴核纸钱，走至墓所，祭毕，则席地饮胙[②]。自钞关、南门、古渡桥、天宁寺、平山堂一带，靓妆藻野，袨服缛川。

随有货郎，路旁摆设骨董古玩并小儿器具。博徒持小杌[③]坐空地，左右铺袒衫[④]半臂，纱裙汗帨[⑤]，铜炉锡注，瓷瓯漆奁，及肩彘鲜鱼、秋梨福橘之属，呼朋引类，以钱掷地，谓之"跌成"，或六或八或十，谓之"六成""八成""十成"焉。百十其处，人环观之。是日，四方流寓及徽商西贾、曲中名妓，一切好事之徒，无不咸集。长塘丰草，走马放鹰；高阜平冈，斗鸡蹴鞠；茂林清樾，劈阮弹筝。浪子相扑，童稚纸鸢，老僧因果，瞽者说书，立者林林，蹲者蛰蛰。日暮霞生，车马纷沓。宦门淑秀，车幕尽开，婢媵倦归，山花斜插，臻臻簇簇[⑥]，夺门而入。

余所见者，惟西湖春、秦淮夏、虎丘秋，差足比拟。然彼皆团簇一块，如画家横披；此独鱼贯雁比，舒长且三十里焉，则画家之手卷矣。南宋张择端作《清明上河图》，追摹汴京景物，有西方美人之思，而余目盱盱，能无梦想？

【注释】

①展墓：扫墓。

②胙（zuò）：用于祭祀的肉。

③杌（wù）：凳子。

④衵（rì）衫：贴身穿着的衣服。

⑤汗帨（shuì）：古代擦汗用的佩巾。

⑥臻臻簇簇：指簇拥着。

金山竞渡

看西湖竞渡[①]十二三次，己巳竞渡于秦淮，辛未竞渡于无锡，壬午竞渡于瓜州，于金山寺。西湖竞渡，以看竞渡之人胜，无锡亦如之。秦淮有灯船无龙船，龙船无瓜州比，而看龙船亦无金山寺比。瓜州龙船一二十只，刻画龙头尾，取其怒；旁坐二十人，持大楫，取其悍；中用彩篷，前后旌幢绣伞，取其绚；撞钲挝鼓，取其节；艄后列军器一架，取其锷；龙头上一人足倒竖，敁敠[②]其上，取其危；龙尾挂一小儿，取其险。自五月初一至十五日，日日画地而出。五日出金山，镇江亦出。惊湍跳沫，群龙格斗，偶堕洄涡，则百蛣捷捽[③]，蟠委出之。金山上，人团簇，隔江望之，蚁附蜂屯，蠢蠢欲动。晚则万艓[④]齐开，两岸沓沓然而沸。

【注释】

①竞渡：每年端午节举行的龙舟竞赛，主要流行于南方。

②敁敠（diān duō）：形容人倒挂的样子。

③百蛄捷捽（zuó）：许多虫子聚集在一起。

④艓（dié）：小舟。

刘晖吉女戏

女戏以妖冶恕，以啴缓[1]恕，以态度恕，故女戏者全乎其为恕也。若刘晖吉则异是。刘晖吉奇情幻想，欲补从来梨园之缺陷。如《唐明皇游月宫》，叶法善作，场上一时黑魆地暗，手起剑落，霹雳一声，黑幔忽收，露出一月，其圆如规，四下以羊角染五色云气，中坐常仪，桂树吴刚，白兔捣药。轻纱幔之，内燃"赛月明"数株，光焰青藜，色如初曙，撒布成梁，遂蹑月窟，境界神奇，忘其为戏也。其他如舞灯，十数人手携一灯，忽隐忽现，怪幻百出，匪夷所思，令唐明皇见之，亦必目睁口开，谓氍毹[2]场中那得如许光怪耶！彭天锡向余道："女戏至刘晖吉，何必男子，何必彭大。"天锡曲中南、董，绝少许可，而独心折晖吉家姬，其所鉴赏，定不草草。

【注释】

①啴（chǎn）缓：舒缓。

②氍毹（qú shū）：原意为地毯，这里指舞台。

朱楚生

朱楚生，女戏耳，调腔戏耳。其科白之妙，有本腔不能得十分之一者。盖四明姚益诚先生精音律，尝得与楚生辈讲究关节，妙入情理，如《江天暮雪》《霄光剑》《画中人》等戏，虽昆山老教师细细摹拟，断不能加其毫末也。班中脚色，足以鼓吹楚生者方留之，故班次愈妙。楚生色不甚美，虽绝世佳人，无其风韵。楚楚谡谡[①]，其孤意在眉，其深情在睫，其解意在烟视媚行。性命于戏，下全力为之。曲白有误，稍为订正之，虽后数月，其误处必改削如所语。

楚生多坐驰，一往深情，摇飏无主[②]。一日，同余在定香桥，日晡烟生，林木窅冥，楚生低头不语，泣如雨下，余问之，作饰语以对。劳心忡忡，终以情死。

【注释】

①楚楚谡谡：仪态优雅，有风度。

②摇飏（yáng）无主：心神不宁。

扬州瘦马

扬州人日饮食于瘦马之身者数十百人。娶妾者切勿露意，稍透消息，牙婆[①]、驵侩，咸集其门，如蝇附膻，撩扑不去。黎明，即促之出门，媒人先到者先挟之去，其余尾其后，接踵伺之。至瘦马家，坐定，进茶，牙婆扶瘦马出，曰："姑娘拜客。"下拜。曰："姑娘往上走。"走。曰："姑娘转身。"转身向明立，面出。曰："姑娘借手睄睄[②]。"尽褫[③]其袂，手出、臂出、肤亦出。曰："姑娘睄相公。"转眼偷觑，眼出。曰："姑娘几岁了？"曰几岁，声出。曰："姑娘再走走。"以手拉其裙，趾出。然看趾有法，凡出门裙幅先响者，必大；高系其裙，人未出而趾先出者，必小。曰："姑娘请回。"一人进，一人又出。看一家必五六人，咸如之。看中者，用金簪或钗一股插其鬓，曰"插带"。看不中，出钱数百文，赏牙婆，或赏其家侍婢，又去看。牙婆倦，又有数牙婆踵伺之。一日、二日至四五日，不倦亦不尽，然看至五六十人，白面红衫，千篇一律，如学字者，一字写至百至千，连此字亦不认得矣。心与目谋，毫无把柄，不得不聊且迁就，定其一人。

"插带"后，本家出一红单，上写彩缎若干，金花若干，财礼若干，布匹若干，用笔蘸墨，送客点阅。客批财礼及缎匹如其意，则肃客归。归未抵寓，而鼓乐盘担、红绿羊酒在其门久矣。不一刻而礼币、糕果俱齐，鼓乐导之去。去未半里，而花轿、花灯、擎燎、火把、山人、傧相、纸烛、供果、牲醴之属，门前环侍。厨子挑一担至，则蔬果、肴馔、汤点、花棚、糖饼、桌围、坐褥、酒壶、杯箸、龙虎寿星、撒帐牵红、小唱弦索之类，又毕备矣。不待复命，亦不待主人命，而花轿及亲送小轿一齐往迎，鼓乐灯燎，新人轿与亲送轿一时俱到矣。新人拜堂，亲送上席，小唱鼓吹，喧阗[④]热闹。日未午而讨赏遽去，急往他家，又复如是。

【注释】

①牙婆：旧时指人贩子、媒婆。

②睄睄（shào）：扫一眼。

③褫（chǐ）：解开。

④喧阗（tián）：喧闹。

卷　六

彭天锡串戏

彭天锡串戏妙天下，然出出皆有传头，未尝一字杜撰。曾以一出戏，延其人至家，费数十金者，家业十万缘手而尽。三春多在西湖，曾五至绍兴，到余家串戏五六十场，而穷其技不尽。天锡多扮丑净，千古之奸雄佞幸，经天锡之心肝而愈狠，借天锡之面目而愈刁，出天锡之口角而愈险。设身处地，恐纣之恶不如是之甚也。皱眉视眼，实实腹中有剑，笑里有刀，鬼气杀机，阴森可畏。盖天锡一肚皮书史，一肚皮山川，一肚皮机械，一肚皮磊砢[①]不平之气，无地发泄，特于是发泄之耳。余尝见一出好戏，恨不得法锦包裹，传之不朽；尝比之天上一夜好月，与得火候一杯好茶，只可供一刻受用，其实珍惜之不尽也。桓子野见山水佳处，辄呼“奈何！奈何！”真有无可奈何者，口说不出。

【注释】

①磊砢（lěi luǒ）：这里指心中郁积不平之气。

目莲戏

余蕴叔演武场搭一大台，选徽州旌阳戏子剽轻精悍、能相扑跌打者三四十人，搬演目莲，凡三日三夜。四围女台百十座，戏子献技台上，如度索舞絙[①]、翻桌翻梯、觔斗蜻蜓、蹬坛蹬臼、跳索跳圈、窜火窜剑之类，大非情理。凡天神地祇、牛头马面、鬼母丧门、夜叉罗刹、锯磨鼎镬、刀山寒冰、剑树森罗、铁城血澥，一似吴道子《地狱变相》，为之费纸札者万钱，人心惴惴，灯下面皆鬼色。戏中套数，如《招五方恶鬼》《刘氏逃棚》等剧，万余人齐声呐喊。熊太守谓是海寇卒至，惊起，差衙官侦问，余叔自往复之，乃安。台成，叔走笔书二对。一曰："果证幽明[②]，看善善恶恶，随形答响，到底来那个能逃；道通昼夜，任生生死死，换姓移名，下场去此人还在。"一曰："装神扮鬼，愚蠢的心下惊慌，怕当真也是如此；成佛作祖，聪明人眼底忽略，临了时还待怎生？"真是以戏说法。

【注释】

①絚（gēng）：粗的绳子。

②幽明：生与死，阴间与阳间。

甘文台炉

香炉贵适用，尤贵耐火。三代青绿，见火即败坏，哥、汝窑亦如之。便用便火，莫如宣炉。然近日宣铜一炉价百四五十金，焉能办之？北铸如施银匠亦佳，但粗夯[①]可厌。苏州甘回子文台，其拨蜡范沙[②]，深心有法，而烧铜色等分两，与宣铜款致分毫无二，俱可乱真，然其与人不同者，尤在铜料。甘文台以回回教门不崇佛法，乌斯藏[③]渗金佛，见即锤碎之，不介意，故其铜质不特与宣铜等，而有时实胜之。甘文台自言佛像遭劫已七百尊有奇矣。余曰："使回回国别有地狱，则可。"

【注释】

①粗夯（bèn）：粗劣。

②拨蜡范沙：一种铸造人像、印章或香炉的方法。

③乌斯藏：明代指西藏。

绍兴灯景

绍兴灯景为海内所夸者无他，竹贱、灯贱、烛贱。贱，故家家可为之；贱，故家家以不能灯为耻。故自庄逵[①]以至穷檐[②]曲巷，无不灯、无不棚者。棚以二竿竹搭过桥，中横一竹，挂雪灯一，灯球六。大街以百计，小巷以十计。从巷口回视巷内，复迭堆垛，鲜妍飘洒，亦足动人。十字街搭木棚，挂大灯一，俗曰“呆灯”，画《四书》《千家诗》故事，或写灯谜，环立猜射之。庵堂寺观以木架作柱灯及门额，写“庆赏元宵”“与民同乐”等字。佛前红纸荷花琉璃百盏，以佛图、灯带间之，熊熊煜煜。庙门前高台，鼓吹五夜，市廛如横街、轩亭、会稽县西桥，闾里相约，故盛其灯，更于其地斗狮子灯，鼓吹弹唱，施放烟火，挤挤杂杂。小街曲巷有空地，则跳大头和尚，锣鼓声错，处处有人团簇看之。城中妇女多相率步行，往闹处看灯；否则，大家小户杂坐门前，吃瓜子、糖豆，看往来士女，午夜方散。乡村夫妇多在白日进城，乔乔画画，东穿西走，曰“钻灯棚”，曰“走灯桥”，天晴无日无之。

万历间，父叔辈于龙山放灯，称盛事，而年来有效之者。次年，朱相国家放灯塔山。再次年，放灯蕺山。蕺山以小户效颦，用竹棚，多挂纸魁星灯。有轻薄子作口号嘲之曰：“蕺山灯景实堪夸，葫篠[③]芋头挂夜叉。若问搭彩是何物，手巾脚布神袍纱。”由今思之，亦是不恶。

【注释】

①庄逵：大道。

②穷檐：茅屋。

③葫篠（hú xiǎo）：细的竹子。

韵山

大父至老，手不释卷，斋头亦喜书画、瓶几布设。不数日，翻阅搜讨，尘堆砚表，卷帙正倒参差。常从尘砚中磨墨一方，头眼入于纸笔，潦草作书生家蝇头细字。日晡向晦，则携卷出帘外，就天光爇烛，檠高光不到纸，辄倚几携书就灯，与光俱俯[①]，每至夜分，不以为疲。常恨《韵府群玉》《五车韵瑞》寒俭可笑，意欲广之。乃博采群书，用淮南“大小山”义，摘其事曰《大山》，摘其语曰《小山》，事语已详本韵而偶寄他韵下曰《他山》，脍炙人口者曰《残山》，总名之曰《韵山》。小字襞襀[2]，烟煤残楮，厚如砖块者三百余本。一韵积至十余本，《韵府》《五车》不啻千倍之矣。正欲成帙，胡仪部青莲携其尊人所出中秘书，名《永乐大典》者，与《韵山》正相类，大帙三十余本，一韵中之一字犹不尽焉。大父见而太息曰：“书囊无尽，精卫衔石填海，所得几何！”遂缀笔[3]而止。以三十年之精神，使为别书，其博洽应不在王弇州、杨升庵下。今此书再加三十年，亦不能成，纵成亦力不能刻。笔冢如山，只堪覆瓿[4]，余深惜之。丙戌兵乱，余载往九里山，藏之藏经阁，以待后人。

【注释】

①俯：看。

②襞（bì）襀：这里形容字密密麻麻。

③缀笔：辍笔。

④覆瓿（bù）：这里是书毫无价值的意思。

天童寺僧

戊寅，同秦一生诣天童访金粟和尚。到山门，见万工池绿净，可鉴须眉，旁有大锅覆地，问僧，僧曰：“天童山有龙藏，龙常下饮池水，故此水刍秽不入。正德间，二龙斗，寺僧五六百人撞钟鼓撼之，龙怒，扫寺成白地，锅其遗也。”入大殿，宏丽庄严。折入方丈，通名刺。老和尚见人便打，曰“棒喝”。余坐方丈，老和尚迟迟出，二侍者执杖、执如意先导之，南向立，曰：“老和尚出。”又曰：“怎么行礼？”盖官长见者皆下拜，无抗礼，余屹立不动，老和尚下行宾主礼。侍者又曰：“老和尚怎么坐？”余又屹立不动，老和尚肃余坐。坐定，余曰：“二生门外汉，不知佛理，亦不知佛法，望老和尚慈悲，明白开示。勿劳棒喝，勿落机锋，只求如家常白话，老实商量，求个下落。”老和尚首肯余言，导余随喜[①]。早晚斋方丈，敬礼特甚。余遍观寺中僧匠千五百人，俱舂者、碓[②]者、磨者、甑者、汲者、爨者、锯者、劈者、菜者、饭者，狰狞急遽，大似吴道子一幅《地狱变相》。老和尚规矩严肃，常自起撞人，不止“棒喝”。

【注释】

①随喜：这里指游寺院。

②碓（duì）：舂米的设备。

水浒牌

古貌、古服、古兜鍪[①]、古铠胄、古器械，章侯自写其所学所问已耳，而辄呼之曰“宋江”，曰“吴用”，而“宋江”“吴用”亦无不应者，以英雄忠义之气，郁郁芊芊[②]，积于笔墨间也。周孔嘉丐余促章侯，孔嘉丐之，余促之，凡四阅月而成。余为作缘起曰：“余友章侯，才足掞[③]天，笔能泣鬼，昌谷道上，婢囊呕血之诗；兰渚寺中，僧秘开花之字。兼之力开画苑，遂能目无古人，有索必酬，无求不与。既蠲郭恕先之癖，喜周贾耘老之贫，画《水浒》四十人，为孔嘉八口计，遂使宋江兄弟，复睹汉官威仪。伯益考著《山海》遗经，兽毨鸟氄[④]皆拾为千古奇文；吴道子画《地狱变相》，青面獠牙，尽化作一团清气。收掌付双荷叶，能月继三石米，致二斗酒，不妨持赠；珍重如柳河东，必日灌蔷薇露，薰玉蕤香，方许解观。非敢阿私，愿公同好。”

【注释】

①兜鍪（móu）：古时候战士戴的头盔。

②郁郁芊芊：形容气盛。

③掞（yǎn）：照亮。

④氄（rǒng）：绒毛。

烟雨楼

嘉兴人开口烟雨楼[1]，天下笑之，然烟雨楼故自佳。楼襟对莺泽湖[2]，涳涳蒙蒙，时带雨意，长芦高柳，能与湖为浅深。湖多精舫，美人航之，载书画茶酒，与客期于烟雨楼。客至，则载之去，舣舟于烟波缥缈。态度幽闲，茗炉相对，意之所安，经旬不返。舟中有所需，则道出宣公桥、角里街，果蓏蔬鲜，法膳琼苏，咄嗟立办，旋即归航。柳湾桃坞，痴迷伫想，若遇仙缘，洒然言别，不落姓氏。间有倩女离魂，文君新寡，亦效颦为之。淫靡之事，出以风韵，习俗之恶，愈出愈奇。

【注释】

①烟雨楼：位于今浙江嘉兴南湖湖心岛。

②莺泽湖：即今南湖。

仲叔古董

葆生叔少从渭阳游，遂精赏鉴。得白定炉、哥窑、官窑酒匜[1]，项墨林以五百金售之，辞曰："留以殉葬。"癸卯，道淮上，有铁梨木天然几，长丈六、阔三尺，滑泽坚润，非常理。淮抚李三才百五十金不能得，仲叔以二百金得之，解维遽去。淮抚大恚怒，差兵蹑之，不及而返。庚戌，得石璞三十斤，取日下水涤之，石罅中光射如鹦哥、祖母，知是水碧。仲叔大喜，募玉工仿朱氏"龙尾觥"一，"合卺杯"一，享价三千，其余片屑寸皮，皆成异宝。仲叔赢资巨万，收藏日富。戊辰后，倅姑熟[2]，倅姑苏，寻令盟津。河南为铜薮，所得铜器盈数车，"美人觚"一种，大小十五六枚，青绿彻骨，如翡翠，如鬼眼青，有不可正视之者，归之燕客，一日失之。或是龙藏收去。

【注释】

①匜（yí）：古时的盥洗用具。

②姑熟：现在的安徽当涂。

噱社

仲叔善诙谐，在京师与漏仲容、沈虎臣、韩求仲辈结“噱社”，唼喋[1]数言，必绝缨[2]喷饭。漏仲容为帖括名士，常曰：“吾辈老年读书做文字，与少年不同。少年读书，如快刀切物，眼光逼注，皆在行墨空处，一过辄了。老年如以指头掐字，掐得一个，只是一个，掐得不着时，只是白地。少年做文字，白眼看天，一篇现成文字挂在天上，顷刻下来，刷入纸上，一刷便完。老年如恶心呕吐，以手扼入齿哕出之，出亦无多，总是渣秽。”此是格言，非止谐语。一日，韩求仲与仲叔同宴一客，欲连名速[3]之，仲叔曰：“我长求仲，则我名应在求仲前，但缀绳头于如拳之上，则是细注在前，白文在后，那有此理！”人皆失笑。沈虎臣出语尤尖巧。仲叔候座师收一帽套，此日严寒，沈虎臣嘲之曰：“座主已收帽套去，此地空余帽套头。帽套一去不复返，此头千载冷悠悠。”其滑稽多类此。

【注释】

①唼喋（shà zhá）：轻声说话。

②绝缨：形容无拘无束。

③速：邀请。

一尺雪

“一尺雪”为芍药异种，余于兖州见之。花瓣纯白，无须萼，无檀心[1]，无星星红紫，洁如羊脂，细如鹤翮[2]，结楼吐舌，粉艳雪腴。上下四旁方三尺，干小而弱，力不能支，蕊大如芙蓉，辄缚一小架扶之。大江以南，有其名无其种，有其种无其土，盖非兖勿易见之也。

兖州种芍药者如种麦，以邻以亩。花时宴客，棚于路、彩于门、衣于壁、障于屏、缀于帘、簪于席、茵于阶者，毕用之，日费数千勿惜。余昔在兖，友人日剪数百朵送寓所，堆垛狼藉，真无法处之。

【注释】

①檀心：浅红的花蕊。

②翮（hé）：鸟羽的茎。

齐景公墓花樽

霞头沈佥事宦游时，有发掘齐景公墓者，迹之，得铜豆三，大花樽二。豆[①]朴素无奇。花樽高三尺，束腰拱起，口方而敞，四面戟楞，花纹兽面，粗细得款，自是三代法物。归乾刘阳太公，余见赏识之，太公取与严，一介不敢请。及宦粤西，外母归余斋头，余拂拭之，为发异光。取浸梅花，贮水，汗下如雨，逾刻始收，花谢结子，大如雀卵。余藏之两年，太公归自粤西，稽复之，余恐伤外母意，亟归之。后为驵侩[②]所啖，竟以百金售去，可惜。今闻在歙县某氏家庙。

【注释】

①豆：古代装食物的器皿。

②驵侩（zǎng kuài）：泛指市场上的经纪人。

卷七

西湖香市

西湖香市[①]，起于花朝，尽于端午。山东进香普陀者日至，嘉湖进香天竺者日至，至则与湖之人市焉，故曰香市。然进香之人市于三天竺，市于岳王坟，市于湖心亭，市于陆宣公祠，无不市，而独凑集于昭庆寺。昭庆寺两廊，故无日不市者，三代八朝之骨董，蛮夷闽貊[②]之珍异，皆集焉。

至香市，则殿中边甬道上下、池左右、山门内外，有屋则摊，无屋则厂，厂外又棚，棚外又摊，节节寸寸。凡胭脂簪珥、牙尺剪刀，以至经典木鱼、伢儿[③]嬉具之类，无不集。此时春暖，桃柳明媚，鼓吹清和，岸无留船，寓无留客，肆无留酿。袁石公所谓"山色如娥，花光如颊，波纹如绫，温风如酒"，已画出西湖三月。而此以香客杂来，光景又别。士女闲都，不胜其村妆野妇之乔画；芳兰芗泽，不胜其合香芫荽之薰蒸；丝竹管弦，不胜其摇鼓欲笙之聒帐[④]；鼎彝光怪，不胜其泥人竹马之行情；宋元名画，不胜其湖景佛图之纸贵。如逃如逐，如奔如追，撩扑不开，牵挽不住。数百十万男男女女、老老少少，日簇拥于寺之前后左右者，凡四阅月方罢。恐大江以东，断无此二地矣。

崇祯庚辰三月，昭庆寺火。是岁及辛巳、壬午洊饥，民强半饿死。壬午虏鲠山东，香客断绝，无有至者，市遂废。辛巳夏，余在西湖，但见城中饿殍舁出，扛挽相属。时杭州刘太守梦谦，汴梁人，乡里抽丰[⑤]者多寓西湖，日以民词馈送。有轻薄子改古诗诮之曰："山不青山楼不楼，西湖歌舞一时休。暖风吹得死人臭，还把杭州送汴州。"可作西湖实录。

陶庵梦忆·西湖梦寻

【注释】

①香市：庙会。

②蛮夷闽貊：指少数民族。

③犽（yá）儿：小孩子。

④聒帐：管弦齐鸣，通宵达旦欢饮。

⑤抽丰：借各种名义向人索取财物。

西湖七月半

西湖七月半，一无可看，止可看看七月半之人。看七月半之人，以五类看之。其一，楼船箫鼓，峨冠盛筵，灯火优傒[①]，声光相乱，名为看月而实不见月者，看之。其一，亦船亦楼，名娃闺秀，携及童娈，笑啼杂之，环坐露台，左右盼望，身在月下而实不看月者，看之。其一，亦船亦声歌，名妓闲僧，浅斟低唱，弱管轻丝，竹肉相发[②]，亦在月下，亦看月，而欲人看其看月者，看之。其一，不舟不车，不衫不帻[③]，酒醉饭饱，呼群三五，跻入人丛，昭庆、断桥，嚣呼嘈杂，装假醉，唱无腔曲，月亦看，看月者亦看，不看月者亦看，而实无一看者，看之。其一，小船轻幌，净几暖炉，茶铛[④]旋煮，素瓷静递，好友佳人，邀月同坐，或匿影树下，或逃嚣里湖，看月而人不见其看月之态，亦不作意看月者，看之。

杭人游湖，巳出酉归，避月如仇，是夕好名，逐队争出，多犒门军酒钱，轿夫擎燎，列俟岸上。一入舟，速舟子急放断桥，赶入胜会。以故二鼓以前，人声鼓吹，如沸如撼，如魇如呓，如聋如哑，大船小船，一齐凑岸，一无所见，止见篙击篙、舟触舟、肩摩肩、面看面而已。少刻兴尽，官府席散，皂隶喝道去，轿夫叫船上人，怖以关门，灯笼火把如列星，一一簇拥而去。岸上人亦逐队赶门，渐稀渐薄，顷刻散尽矣。

吾辈始舣舟近岸，断桥石磴始凉，席其上，呼客纵饮。此时，月如镜新磨，山复整妆，湖复颒[⑤]面。向之浅斟低唱者出，匿影树下者亦出，吾辈往通声气，拉与同坐。韵友来，名妓至，杯箸安，竹肉发。月色苍凉，东方将白，客方散去。吾辈纵舟，酣睡于十里荷花之中，香气拍人，清梦甚惬。

【注释】

①优傒：优伶僮仆。

②竹肉相发：管乐声伴随着歌唱声。

③不衫不帻（zé）：不穿长衫，不戴头巾。

④茶铛（chēng）：用来煮茶的小锅。

⑤颒（huì）：洗脸。这里指湖面恢复澄澈。

及时雨

壬申七月，村村祷雨，日日扮潮神海鬼，争唾之。余里中扮《水浒》，且曰：画《水浒》者，龙眠[①]、松雪[②]、近章侯，总不如施耐庵，但如其面勿黛，如其髭勿鬣，如其兜鍪勿纸，如其刀杖勿树，如其传勿杜撰，勿弋阳腔[③]，则十得八九矣。于是分头四出，寻黑矮汉，寻梢长大汉，寻头陀，寻胖大和尚，寻茁壮妇人，寻姣长妇人，寻青面，寻歪头，寻赤须，寻美髯，寻黑大汉，寻赤脸长须，大索城中。无则之郭、之村、之山僻、之邻府州县，用重价聘之，得三十六人。梁山泊好汉，个个呵活，臻臻至至，人马称娖[④]而行，观者兜截遮拦，直欲看杀卫玠。五雪叔归自广陵，多购法锦宫缎，从以台阁者八：雷部六，大士一，龙宫一，华重美都，见者目夺气亦夺。盖自有台阁，有其华无其重，有其美无其都，有其华重美都，无其思致，无其文理。轻薄子有言："不替他谦了也，事事精办。"

季祖南华老人喃喃怪问余曰："《水浒》与祷雨有何义味？近余山盗起，迎盗何为耶？"余俯首思之，果诞而无谓，徐应之曰："有之。天罡尽，以宿太尉殿焉。用大牌六，书'奉旨招安'者二，书'风调雨顺'者一，'盗息民安'者一，更大书'及时雨'者二，前导之。"观者欢喜赞叹，老人亦匿笑而去。

【注释】

①龙眠：李公麟，号龙眠居士，熙宁三年进士，以善绘画闻名。

②松雪：赵孟频，号松雪道人，才艺双全，一代书画家。

③弋阳腔：戏曲声腔的一种。

④娖（chuò）：整齐的样子。

雷殿

雷殿在龙山磨盘冈下，钱武肃王于此建蓬莱阁，有断碣在焉。殿前石台高爽，乔木萧疏。六月，月从南来，树不蔽月。余每浴后拉秦一生、石田上人、平子辈坐台上，乘凉风，携肴核，饮香雪酒，剥鸡豆，啜乌龙井水，水凉冽激齿。下午着人投西瓜浸之，夜剖食，寒栗逼人，可雠[①]三伏。林中多鹘，闻人声辄惊起，磔磔[②]云霄间，半日不得下。

【注释】

①雠（chóu）：应对。

②磔磔（zhé）：鸟叫声。

庞公池

庞公池岁不得船，况夜船，况看月而船。自余读书山艇子，辄留小舟于池中，月夜，夜夜出，缘城至北海坂，往返可五里，盘旋其中。山后人家，闭门高卧，不见灯火，悄悄冥冥，意颇凄恻。余设凉簟，卧舟中看月，小傒船头唱曲，醉梦相杂，声声渐远，月亦渐淡，嗒然[①]睡去。歌终忽寤，含糊赞之，寻复鼾齁[②]。小傒亦呵欠歪斜，互相枕藉。舟子回船到岸，篙啄丁丁，促起就寝。此时胸中浩浩落落，并无芥蒂，一枕黑甜[③]，高舂[④]始起，不晓世间何物谓之忧愁。

【注释】

①嗒（dā）然：悄然。

②鼾齁（hān hōu）：打呼噜。

③黑甜：熟睡，酣睡。

④高舂（chōng）：黄昏之时。

松花石

松花石，大父舁自潇江署中。石在江口神祠，土人割牲飨神，以毛血洒石上为恭敬，血渍毛毵[1]，几不见石。大父舁入署，亲自祓濯[2]，呼为"石丈"，有《松花石纪》。今弃阶下，载花缸，不称使。余嫌其轮囷[3]臃肿，失松理，不若董文简家茁错二松橛，节理槎枒[4]，皮断犹附，视此更胜。大父石上磨崖，铭之曰："尔昔鬣而鼓兮，松也；尔今脱而骨兮，石也；尔形可使代兮，贞勿易也。尔视余笑兮，莫余逆也。"其见宝如此。

【注释】

①毵（sān）：毛发、枝条等细长的样子。

②祓濯（fú zhuó）：清洗污渍。

③轮囷（qūn）：盘曲。

④槎（chá）枒：树木枝杈歧出貌。

愚公谷

无锡去县北五里为铭山。进桥，店在左岸，店精雅，卖泉酒、水坛、花缸、宜兴罐、风炉、盆盎、泥人等货。愚公谷在惠山右，屋半倾圮，惟存木石。惠水涓涓，由井之涧，由涧之溪，由溪之池、之厨、之湢[1]，以涤、以濯、以灌园、以沐浴、以净溺器，无不惠山泉者，故居园者福德与罪孽正等。

愚公先生交游遍天下，名公巨卿多就之，歌儿舞女、绮席华筵、诗文字画，无不虚往实归。名士清客至则留，留则款，款则饯，饯则赆[②]。以故愚公之用钱如水，天下人至今称之不少衰。愚公文人，其园亭实有思致文理者为之，磥石为垣，编柴为户，堂不层不庑，树不配不行[③]。堂之南，高槐古朴，树皆合抱，茂叶繁柯，阴森满院。藕花一塘，隔岸数石，治而卧。土墙生苔，如山脚到涧边，不记在人间。园东逼墙一台，外瞰寺，老柳卧墙角而不让台，台遂不尽瞰，与他园花树故故为容，亭台意特特为园者不同。

【注释】

①湢（bì）：洗澡的地方。

②赆（jìn）：赠予他人的路费或礼品。

③行：行列。

定海水操

定海演武场在招宝山海岸。水操用大战船、唬船、蒙冲、斗舰[①]数千余艘，杂以鱼艓轻艬，来往如织。舳舻[②]相隔，呼吸难通，以表语目，以鼓语耳，截击要遮，尺寸不爽。健儿瞭望，猿蹲桅斗，哨见敌船，从斗上掷身腾空休[③]水，破浪冲涛，顷刻到岸，走报中军，又趵跃入水，轻如鱼凫。水操尤奇在夜战，旌旗干橹皆挂一小镫[④]，青布幕之，画角一声，万蜡齐举，火光映射，影又倍之。招宝山凭槛俯视，如烹斗煮星，釜汤正沸。火炮轰裂，如风雨晦冥中电光翕焱，使人不敢正视；又如雷斧断崖石，下坠不测之渊，观者褫魄[⑤]。

【注释】

①唬船、蒙冲、斗舰：均为古代战船。

②舳舻（zhú lú）：船头和船尾。

③休（nì）：同“溺”，沉没于水。

④镫（dēng）：灯。

⑤褫（chǐ）魄：失魂落魄。

过剑门

南曲中[①]，妓以串戏为韵事，性命以之[②]。杨元、杨能、顾眉生、李十、董白以戏名，属姚简叔期余观剧。傒僮下午唱《西楼》，夜则自串。傒僮为兴化大班，余旧伶马小卿、陆子云在焉，加意唱七出戏，至更定，曲中大咤异。杨元走鬼房[③]问小卿曰："今日戏，气色大异，何也？"小卿曰："坐上坐者余主人。主人精赏鉴，延师课戏，童手指千，傒僮到其家，谓'过剑门'，焉敢草草！"杨元始来物色余。《西楼》不及完，串《教子》。顾眉生：周羽。杨元：周娘子。杨能：周瑞隆。杨元胆怯肤栗，不能出声，眼眼相觑，渠[④]欲讨好不能，余欲献媚不得，持久之，伺便喝采一二，杨元始放胆，戏亦遂发。嗣后曲中戏，必以余为导师，余不至，虽夜分不开台也。以余而长声价，以余长声价之人而后长余声价者，多有之。

【注释】

①曲中：旧时指青楼。

②性命以之：形容演戏的时候十分投入。

③鬼房：指后台。

④渠：他。

卷　八

龙山放灯

万历辛丑年，父叔辈张灯龙山，剡[①]木为架者百，涂以丹雘[②]，帨以文锦，一灯三之。灯不专在架，亦不专在磴道，沿山袭谷，枝头树杪[③]无不灯者，自城隍庙门至蓬莱岗上下，亦无不灯者。山下望如星河倒注，浴浴熊熊[④]，又如隋炀帝夜游，倾数斛萤火于山谷间，团结方开，倚草附木，迷迷[⑤]不去者。好事者卖酒，缘山席地坐。山无不灯，灯无不席，席无不人，人无不歌唱鼓吹。男女看灯者，一入庙门，头不得顾，踵不得旋，只可随势，潮上潮下，不知去落何所，有听之而已。庙门悬禁条：禁车马，禁烟火，禁喧哗，禁豪家奴不得行辟人。父叔辈台于大松树下，亦席，亦声歌，每夜鼓吹笙簧与宴歌弦管，沉沉昧旦[⑥]。十六夜，张分守宴织造太监于山巅星宿阁，傍晚至山下，见禁条，太监忙出舆笑曰："遵他，遵他，自咱们遵他起！"却随役，用二丱角[⑦]扶掖上山。夜半，星宿阁火罢，宴亦遂罢。灯凡四夜，山上下糟丘肉林，日扫果核蔗滓及鱼肉骨蠡蜕，堆砌成高阜，拾妇女鞋挂树上，如秋叶。

相传十五夜，灯残人静，当垆者政收盘核，有美妇六七人买酒，酒尽，有未开瓮者。买大罍一，可四斗许，出袖中蓏果，顷刻罄罍而去。疑是女人星，或曰酒星。又一事：有无赖子于城隍庙左借空楼数楹，以姣童实之，为"帘子胡同"。是夜，有美少年来狎某童，剪烛殢酒[⑧]，媟亵非理，解襦，乃女子也，未曙即去，不知其地、其人，或是妖狐所化。

【注释】

①剡（yǎn）：削，刮。

②丹雘（huò）：红色的颜料。

③树杪（miǎo）：树梢的意思。

④浴浴熊熊：形容水势浩大。

⑤迷迷：围绕。

⑥沉沉昧旦：不觉中天就快亮了。

⑦丱（guàn）角：将头发束成两角的样子，这里指儿童。

⑧殢（tì）酒：醉酒。

王月生

南京朱市妓，曲中羞与为伍；王月生出朱市，曲中上下三十年决无其比也。面色如建兰初开，楚楚文弱，纤趾一牙，如出水红菱，矜贵寡言笑，女兄弟、闲客，多方狡狯[①]，嘲弄哈侮[②]，不能勾其一粲。善楷书，画兰竹水仙，亦解吴歌，不易出口。南京勋戚大老力致之，亦不能竟一席。富商权胥得其主席半晌，先一日送书帕，非十金则五金，不敢亵订。与合卺，非下聘一二月前，则终岁不得也。

好茶，善闵老子，虽大风雨、大宴会，必至老子家啜茶数壶始去。所交有当意者，亦期与老子家会。一日，老子邻居有大贾，集曲中妓十数人，群谇[③]嘻笑，环坐纵饮。月生立露台上，倚徙栏楯[④]，视娗羞涩，群婢见之皆气夺，徙他室避之。月生寒淡如孤梅冷月，含冰傲霜，不喜与俗子交接，或时对面同坐起，若无睹者。有公子狎之，同寝食者半月，不得其一言。一日口嗫嚅动，闲客惊喜，走报公子曰："月生开言矣！"哄然以为祥瑞，急走伺之，面赪[⑤]，寻又止，公子力请再三，蹇涩出二字曰："家去。"

【注释】

①狡狯：玩笑。

②哈（hāi）侮：戏耍。

③谇（suì）：嬉闹。

④楯（shǔn）：栏杆上的横木。

⑤赪（chēng）：泛红。

张东谷好酒

余家自太仆公称豪饮[1]，后竟失传，余父余叔不能饮一蠡壳[2]，食糟茄，面即发赪，家常宴会，但留心烹饪，庖厨之精，遂甲江左。一簋进，兄弟争啖之立尽，饱即自去，终席未尝举杯。有客在，不待客辞，亦即自去。山人张东谷，酒徒也，每悒悒不自得。一日起谓家君曰："尔兄弟奇矣！肉只是吃，不知会吃不会吃。"二语颇韵，有晋人风味。而近有伧父[3]载之《舌华录》，曰："张氏兄弟赋性奇哉！肉不论美恶，只是吃；酒不论美恶，只是不吃。"字字板实，一去千里，世上真不少点金成铁手也。

东谷善滑稽，贫无立锥，与恶少讼，指东谷为万金豪富，东谷忙忙走诉大父曰："绍兴人可恶，对半说谎，便说我是万金豪富！"大父常举以为笑。

【注释】

①豪饮：能喝酒。

②蠡（lí）壳：贝壳，这里用于形容酒杯很小。

③伧父：卑贱的人。

楼船

家大人造楼，船之[1]；造船，楼之。故里中人谓船楼，谓楼船，颠倒之不置。是日落成，为七月十五，自大父以下，男女老稚，靡不集焉。以木排数重搭台演戏，城中村落来观者，大小千余艘。午后飓风起，巨浪磅礴，大雨如注，楼船孤危，风逼之几覆，以木排为戙[2]，索缆数千条，网网如织，风不能撼。少顷风定，完剧而散。越中舟如蠡壳，局蹐篷底看山，如矮人观场，仅见鞋靸[③]而已，升高视明，颇为山水吐气。

【注释】

①船之：做成船的形状。

②戙（dòng）：船上的木桩，用于系缆绳。

③鞋靸（sǎ）：拖鞋。

阮圆海戏

阮圆海家优[①]，讲关目[②]，讲情理，讲筋节，与他班孟浪不同。然其所打院本[③]，又皆主人自制，笔笔勾勒，苦心尽出，与他班卤莽者又不同。故所搬演，本本出色，脚脚出色，出出出色，句句出色，字字出色。余在其家看《十错认》《摩尼珠》《燕子笺》三剧，其串架斗笋、插科打诨、意色眼目，主人细细与之讲明。知其义味，知其指归，故咬嚼吞吐，寻味不尽。至于《十错认》之龙灯、之紫姑，《摩尼珠》之走解、之猴戏，《燕子笺》之飞燕、之舞象、之波斯进宝，纸札装束，无不尽情刻画，故其出色也愈甚。

阮圆海大有才华，恨居心勿静，其所编诸剧，骂世十七；解嘲十三，多诋毁东林，辩宥魏党，为士君子所唾弃，故其传奇不之著焉。如就戏论，则亦镞镞[④]能新，不落窠臼者也。

【注释】

①优：演戏的人。

②关目：戏剧或小说中重要的情节。

③院本：剧本。

④镞镞（zú）：这里形容挺拔的样子。

巘花阁

巘花阁在[illegible]芝亭松峡下，层崖古木，高出林皋，秋有红叶。

坡下支壑回涡，石跗[①]棱棱，与水相距。阁不槛、不牖，地不楼、不台，意政不尽也。

五雪叔归自广陵，一肚皮园亭，于此小试。台之、亭之、廊之、栈道之，照面楼之侧，又堂之、阁之、梅花缠折旋之，未免伤板、伤实、伤排挤，意反局蹐[②]，若石窟书砚。隔水看山、看阁、看石麓、看松峡上松，庐山面目反于山外得之。五雪叔属余作对，余曰："身在襄阳袖石里，家来辋口扇图中。"言其小处。

【注释】

①石跗（mǔ）：突出的石头。

②局蹐（jí）：狭窄。

范与兰

范与兰七十有三，好琴，喜种兰及盆池小景。建兰三十余缸，大如簸箕。早舁[①]而入，夜舁而出者，夏也；早舁而出，夜舁而入者，冬也；长年辛苦，不减农事。花时，香出里外，客至坐一时，香袭衣裾，三五日不散。余至花期至其家，坐卧不去，香气酷烈，逆鼻不敢嗅，第开口吞欱[②]之，如流瀣焉。花谢，粪之[③]满箕，余不忍弃，与与兰谋曰："有面可煎，有蜜可浸，可火可焙，奈何不食之也？"与兰首肯余言。

与兰少年学琴于王明泉，能弹《汉宫秋》《山居吟》《水龙吟》三曲。后见王本吾琴，大称善，尽弃所学而学焉，半年学《石上流泉》一曲，生涩犹棘手。王本吾去，旋亦忘之，旧所学又锐意去之，不复能记忆，究竟终无一字，终日抚琴，但和弦而已。

所畜小景，有豆板黄杨，枝干苍古奇妙，盆石称之。朱樵峰以二十金售之，不肯易，与兰珍爱，"小妾"呼之。余强借斋头三月，枯其垂一干，余懊惜，急舁归与兰。与兰惊惶无措，煮参汁浇灌，日夜摩之不置，一月后枯干复活。

【注释】

①舁（yú）：抬。

②欱（hē）：吸。

③粪之：像粪土一样丢弃。

闰元宵

崇祯庚辰闰正月，与越中父老约重张五夜灯，余作张灯致语曰："两逢元正，岁成闰于摄提之辰；再值孟陬[①]，天假人以闲暇之月。《春秋传》详记二百四十二年事，春王正月，孔子未得重书；开封府更放十七、十八两夜灯，乾德五年，宋祖犹烦钦赐。兹闰正月者，三生奇遇，何幸今日而当场；百岁难逢，须效古人而秉烛。况吾大越，蓬莱福地，宛委洞天。大江以东，民皆安堵；遵海而北，水不扬波。含哺嬉兮，共乐太平之世界；重译至者[②]，皆言中国有圣人。千百国来朝，白雉之陈无算；十三年于兹，黄耇之说有征。乐圣衔杯，宜纵饮屠苏之酒；较书分火，应暂辍太乙之藜。前此元宵，竟因雪妒，天亦知点缀丰年；后来灯夕，欲与月期，人不可蹉跎胜事。六鳌山立，只说飞来东武，使鸡犬不惊；百兽室悬，毋曰下守海澨[③]，唯鱼鳖是见。笙箫聒地，竹椽出自柯亭；花草盈街，禊帖携来兰渚。士女潮涌，撼动蠡城；车马雷殷，唤醒龙屿。况时逢丰穰，呼庚呼癸，一岁自兆重登；且科际辰年，为龙为光，两榜必征双首。莫轻此五夜之乐，眼望何时？试问那百年之人，躬逢几次？敢祈同志，勿负良宵。敬藉赫蹄[④]，喧传口号。"

【注释】

①孟陬（zōu）：正月。

②重译至者：指外国人。

③海澨（shì）：海边。

④赫蹄（tí）：古时候用于书写的绢帛，后来也用来指纸。

合采牌

余作文武牌，以纸易骨，便于角斗，而燕客复刻一牌，集天下之斗虎、斗鹰、斗豹者，而多其色目、多其采，曰“合采牌”。余为之作叙曰：“太史公曰：‘凡编户之民，富相什[①]则卑下之，伯[②]则畏惮之，千则役，万则仆，物之理也。’古人以钱之名不雅驯，缙绅先生难道之，故易其名曰赋、曰禄、曰饷，天子千里外曰采。采者，采其美物以为贡，犹赋也。诸侯在天子之县内曰采，有地以处其子孙亦曰采，名不一，其实皆谷也，饭食之谓也。周封建多采则胜，秦无采则亡。采在下无以合之，则齐桓、晋文起矣。列国有采而分析之，则主父偃之谋也。由是而亮采服采，好官不过多得采耳。充类至义之尽，窃亦采也，盗亦采也，鹰虎豹由此其选也。然则奚为而不禁？曰：小役大，弱役强，斯二者天也。《皋陶谟》曰：‘载采采。’微哉、之哉、庶哉！”

【注释】

①什：同“十”。

②伯：同“佰”，指百倍。

琅嬛福地[①]

陶庵梦有夙因[②]，常梦至一石厂，峪窅岩窱[③]，前有急湍洄溪，水落如雪，松石奇古，杂以名花。梦坐其中，童子进茗果，积书满架，开卷视之，多蝌蚪、鸟迹、霹雳篆文，梦中读之，似能通其棘涩。闲居无事，夜辄梦之，醒后伫思，欲得一胜地仿佛为之。郊外有一小山，石骨棱砺，上多筠篁[④]，偃伏园内。余欲造厂，堂东西向，前后轩之，后磥一石坪，植黄山松数棵，奇石峡之。堂前树娑罗二，资其清樾。左附虚室，坐对山麓，磴磴齿齿，划裂如试剑，匾曰“一丘”。右踞厂阁三间，前临大沼，秋水明瑟，深柳读书，匾曰“一壑”。

缘山以北，精舍小房，绌屈蜿蜒，有古木，有层崖，有小涧，有幽篁，节节有致。山尽有佳穴，造生圹[5]，俟陶庵蜕，碑曰“呜呼有明陶庵张长公之圹”。圹左有空地亩许，架一草庵，供佛，供陶庵像，迎僧住之奉香火。大沼阔十亩许，沼外小河三四折，可纳舟入沼。河两崖皆高阜，可植果木，以橘、以梅、以梨、以枣，枸菊围之。山顶可亭。山之西鄙[6]，有腴田二十亩，可秫可粳。门临大河，小楼翼之，可看炉峰、敬亭诸山。楼下门之，匾曰“琅嬛福地”。缘河北走，有石桥极古朴，上有灌木，可坐、可风、可月。

【注释】

①琅嬛福地：传说中指神仙的居住地。

②夙因：前世因缘。

③峆峈（kǎn yǎo）岩窱（fù）：山势险峻。

④筠篁（jūn huáng）：竹林。

⑤圹（kuàng）：坟墓。

⑥西鄙：西侧。

西湖梦寻

自 序

余生不辰[①]，阔别西湖二十八载，然西湖无日不入吾梦中，而梦中之西湖，实未尝一日别余也。前甲午、丁酉，两至西湖，如涌金门商氏之楼外楼，祁氏之偶居，钱氏、余氏之别墅，及余家之寄园[②]，一带湖庄，仅存瓦砾。则是余梦中所有者，反为西湖所无。及至断桥一望，凡昔日之弱柳夭桃、歌楼舞榭，如洪水淹没，百不存一矣。余乃急急走避，谓余为西湖而来，今所见若此，反不若保吾梦中之西湖，尚得完全无恙也。因想余梦与李供奉异：供奉之梦天姥也，如神女名姝，梦所未见，其梦也幻。余之梦西湖也，如家园眷属，梦所故有，其梦也真。今余僦居他氏已二十三载，梦中犹在故居。旧役小傒，今已白头，梦中仍是总角。夙习未除，故态难脱。而今而后，余但向蝶庵岑寂，蘧榻于徐，惟吾旧梦是保，一派西湖景色，犹端然未动也。儿曹诘问，偶为言之，总是梦中说梦，非魇即呓也。因作《梦寻》七十二则，留之后世，以作西湖之影。余犹山中人，归自海上，盛称海错之美，乡人竞来共舐其眼[③]。嗟嗟！金齑瑶柱[④]，过舌即空，则舐眼亦何救其馋哉！

岁辛亥七月既望，古剑蝶庵老人张岱题。

【注释】

①不辰：不得其时。

②寄园：为张岱祖父建造的别墅。

③舐其眼：舔他的眼睛。为一种比喻，指乡人知道他见识过许多海味，想通过舔他的眼睛来体会那些美味。

④金齑（jī）瑶柱：金齑指切成细末的精美食物；瑶柱指肉味极其鲜美的一种贝类。

西湖总记

明圣二湖

自马臻开鉴湖，而由汉及唐，得名最早。后至北宋，西湖起而夺之，人皆奔走西湖，而鉴湖之淡远，自不及西湖之冶艳矣。至于湘湖则僻处萧然，舟车罕至，故韵士高人无有齿及之者。余弟毅孺常比西湖为美人，湘湖为隐士，鉴湖为神仙。余不谓然。余以湘湖为处子，眠娗[①]羞涩，犹及见其未嫁之时；而鉴湖为名门闺淑，可钦而不可狎；若西湖则为曲中名妓，声色俱丽，然倚门献笑，人人得而媟亵之矣。人人得而媟亵，故人人得而艳羡；人人得而艳羡，故人人得而轻慢。在春夏则热闹之至，秋冬则冷落矣；在花朝[②]则喧哄之至，月夕则星散矣；在晴明则萍聚之至，雨雪则寂寥矣。故余尝谓："善读书，无过董遇三余，而善游湖者，亦无过董遇三馀。董遇曰：'冬者，岁之余也；夜者，日之余也；雨者，月之余也。'雪巘[③]古梅，何逊烟堤高柳；夜月空明，何逊朝花绰约；雨色涳濛，何逊晴光滟潋。深情领略，是在解人。"即湖上四贤，余亦谓："乐天之旷达，固不若和靖之静深；邺侯之荒诞，自不若东坡之灵敏也。"其余如贾似道之豪奢，孙东瀛之华赡，虽在西湖数十年，用钱数十万，其于西湖之性情、西湖之风味，实有未曾梦见者在也。世间措大，何得易言游湖。

苏轼《夜泛西湖》诗：

菰蒲无边水茫茫，荷花夜开风露香。
渐见灯明出远寺，更待月黑看湖光。

又《湖上夜归》诗：

我饮不尽器，半酣尤味长。篮舆湖上归，春风吹面凉。
行到孤山西，夜色已苍苍。清吟杂梦寐，得句旋已忘。
尚记梨花村，依依闻暗香。

又《怀西湖寄晁美叔》诗：
西湖天下景，游者无愚贤。深浅随所得，谁能识其全。
嗟我本狂直，早为世所捐。独专山水乐，付与宁非天。
三百六十寺，幽寻遂穷年。所至得其妙，心知口难传。
至今清夜梦，耳目余芳鲜。君持使者节，风采烁云烟。
清流与碧巘，安肯为君妍。胡不屏骑从，暂借僧榻眠。
读我壁间诗，清凉洗烦煎。策杖无道路，直造意所便。
应逢古渔父，苇间自寅缘。问道若有得，买鱼弗论钱。

李奎《西湖》诗：
锦帐开桃岸，兰桡系柳津。鸟歌如劝酒，花笑欲留人。
钟磬千山夕，楼台十里春。回看香雾里，罗绮六桥新。

苏轼《开西湖》诗：
伟人谋议不求多，事定纷纭自唯阿。
尽放龟鱼还绿净，肯容萧苇障前坡。
一朝美事谁能继，百尺苍崖尚可磨。
天上列星当亦喜，月明时下浴金波。

周立勋《西湖》诗：
平湖初涨绿如天，荒草无情不记年。
犹有当时歌舞地，西泠烟雨丽人船。

夏炜《西湖竹枝词》：
四面空波卷笑声，湖光今日最分明。
舟人莫定游何外，但望鸳鸯睡处行。

平湖竟日只溟濛，不信韶光只此中。
笑拾杨花装半臂，恐郎到晚怯春风。

行觞次第到湖湾，不许莺花半刻闲。
眼看谁家金络马，日驼春色向孤山。

春波四合没晴沙，昼在湖船夜在家。
怪杀春风归不断，担头原自插梅花。

欧阳修《西湖》诗：
菡萏香消画舸浮，使君宁复忆扬州。
都将二十四桥月，换得西湖十顷秋。

赵子昂《西湖》诗：
春阴柳絮不能飞，雨足蒲芽绿更肥。
只恐前呵惊白鹭，独骑款段绕湖归。

袁宏道《西湖总评》诗：
龙井饶甘泉，飞来富石骨。苏桥十里风，胜果一天月。
钱祠无佳处，一片好石碣。孤山旧亭子，凉荫满林樾。
一年一桃花，一岁一白发。南高看云生，北高见月没。
楚人无羽毛，能得几游越。

范景文《西湖》诗：
湖边多少游观者，半在断桥烟雨间。
尽逐春风看歌舞，几人着眼看青山。

张岱《西湖》诗：
追想西湖始，何缘得此名。恍逢西子面，大服古人评。
冶艳山川合，风姿烟雨生。奈何呼不已，一往有深情。

一望烟光里，苍茫不可寻。吾乡争道上，此地说湖心。

泼墨米颠画，移情伯子琴。南华秋水意，千古有人钦。

到岸人心去，月来不看湖。渔灯隔水见，堤树带烟模[④]。

真意言词尽，淡妆脂粉无。问谁能领略，此际有髯苏[⑤]。

又《西湖十景》诗：

一峰一高人，两人相与语。此地有西湖，勾留不肯去。（两峰插云）

湖气冷如冰，月光淡于雪。肯弃与三潭，杭人不看月。（三潭印月）

高柳荫长堤，疏疏漏残月。蹩躠[⑥]步松沙，恍疑是踏雪。（断桥残雪）

夜气滃南屏，轻岚薄如纸。钟声出上方，夜渡空江水。（南屏晚钟）

烟柳幕桃花，红玉沉秋水。文弱不胜夜，西施刚睡起。（苏堤春晓）

颊上带微酡，解颐开笑口。何物醉荷花，暖风原似酒。（曲院风荷）

深柳叫黄鹂，清音入空翠。若果有诗肠，不应比鼓吹。（柳浪闻莺）

残塔临湖岸，颓然一醉翁。奇情在瓦砾，何必藉人工。（雷峰夕照）

秋空见皓月，冷气入林皋。静听孤飞雁，声轻天正高。（平湖秋月）

深恨放生池，无端造鱼狱。今来花港中，肯受人拘束。（花港观鱼）

柳耆卿《望海潮》词：

东南形胜，三吴都会，钱塘自古繁华。烟柳画桥，风帘翠幕，参差十万人家。云树绕堤沙。怒涛卷霜雪，天堑无涯。市列珠玑，户盈罗绮，竞豪奢。

重湖叠巘清佳，有三秋桂子，十里荷花。羌笛弄晴，菱歌泛夜，嬉嬉钓叟莲娃。千骑拥高牙。乘醉听箫鼓，吟赏烟霞。异日图将好景，归去凤池夸。（金主阅此词，慕西湖胜景，遂起投鞭渡江之思。）

于国宝《风入松》词：

一春常费买花钱，日日醉湖边。玉骢惯识西湖路，骄嘶过、沽酒楼前。红杏香中箫鼓，绿杨影里秋千。暖风十里丽人天，花压鬓云偏。画船载得春归去，余情付、湖水湖烟。明日重扶残醉，来寻陌上花钿。

【注释】

①眠娗（tiǎn）：同腼腆。

②花朝：农历二月十五为“百花生日”，所以将这一天称为“花朝节”。

③巘（yǎn）：险峻的山。

④糢（mó）：模糊。

⑤髯苏：指苏轼。

⑥蹩躠（bié xiè）：信步而走。

西湖北路

玉莲亭

白乐天守杭州，政平讼简。贫民有犯法者，于西湖种树几株；富民有赎罪者，令于西湖开葑田[①]数亩。历任多年，湖葑尽拓，树木成荫。乐天每于此地，载妓看山，寻花问柳。居民设像祀之。亭临湖岸，多种青莲，以象公之洁白。右折而北，为缆舟亭，楼船鳞集，高柳长堤。游人至此，买舫入湖者，喧阗如市。东去为玉凫园，湖水一角，僻处城阿，舟楫罕到。寓西湖者，欲避嚣杂，莫于此地为宜。园中有楼，倚窗南望，沙际水明，常见浴凫数百出没波心，此景幽绝。

白居易《玉莲亭》诗：

湖上春来似画图，乱峰围绕水平铺。
松排山面千层翠，月照波心一点珠。
碧毯绿头抽早麦，青罗裙带展新蒲。
未能抛得杭州去，一半勾留是此湖。

孤山寺北谢亭西，水面初平云脚低。
几处早莺争暖谷，谁家新燕啄春泥。
乱花渐欲迷人眼，浅草才能没马蹄。
最爱湖东行不足，绿杨阴里白沙堤。

【注释】

①葑（fēng）田：湖中茭白聚集日久腐化为泥，水干涸为田，称为“葑田”。

昭庆寺

昭庆寺，自狮子峰、屯霞石发脉，堪舆家[①]谓之火龙。石晋元年始创，毁于钱氏乾德五年。宋太平兴国元年重建，立戒坛。天禧初，改名昭庆。是岁又火。迨明洪武至成化，凡修而火者再。四年奉敕再建，廉访杨继宗监修。有湖州富民应募，挚万金来。殿宇室庐，颇极壮丽。嘉靖三十四年以倭乱，恐贼据为巢，遽火之。事平再造，遂用堪舆家说，辟除民舍，使寺门见水，以厌[②]火灾。隆庆三年复毁。万历十七年，司礼监太监孙隆以织造助建，悬幢列鼎，绝盛一时。而两庑栉比，皆市廛精肆，奇货可居。春时有香市，与南海、天竺、山东香客及乡村妇女儿童，往来交易，人声嘈杂，舌敝耳聋，抵夏方止。崇祯十三年又火，烟焰障天，湖水为赤。及至清初，踵事增华，戒坛整肃，较之前代，尤更庄严。一说建寺时，为钱武肃王八十大寿，寺僧圆净订缁流古朴、天香、胜莲、胜林、慈受、慈云等，结莲社，诵经放生，为王祝寿。每月朔，登坛设戒，居民行香礼佛，以昭王之功德，因名昭庆。今以古德[③]诸号，即为房名。

袁宏道《昭庆寺小记》：

从武林门而西，望保俶塔，突兀层崖中，则已心飞湖上也。午刻入昭庆，茶毕，即棹小舟入湖。山色如娥，花光似颊，温风如酒，波纹若绫，才一举头，已不觉目酣神醉。此时欲下一语描写不得，大约如东阿王梦中初遇洛神时也。余游西湖始此，时万历丁酉二月十四日也。晚同子公渡净寺，觅小修旧住僧房。取道由六桥、岳坟归。草草领略，未极遍赏。阅数日，陶周望兄弟至。

张岱《西湖香市记》：

西湖香市，起于花朝，尽于端午。山东进香普陀者日至，嘉、湖进香天竺者日至，至则与湖之人市焉，故曰香市。然进香之人市于三天竺，市于岳王坟，市于湖心亭，市于陆宣公祠，无不市，而独凑集于昭庆寺。昭庆寺两廊故无日不市者，三代八朝之骨董，蛮夷闽貊之珍异，皆集焉。至香市，则殿中边甬道上下、池左右、山门内外，有屋则摊，无屋则厂，厂外又棚，棚外又摊，节节寸寸。凡胭脂簪珥、牙尺剪刀，以至经典木鱼、伢儿嬉具之类，无不集。此时春暖，桃柳明媚，鼓吹清和，岸无留船，寓无留客，肆无留酿。袁石公所谓“山色如娥，花光如颊，温风如酒，波纹如绫”，已画出西湖三月。而此以香客杂来，光景又别。士女闲都，不胜其村妆野妇之乔画；芳兰芗泽，不胜其合香芫荽[4]之薰蒸；丝竹管弦，不胜其摇鼓欲笙之聒帐；鼎彝光怪，不胜其泥人竹马之行情；宋元名画，不胜其湖景佛图之纸贵。如逃如逐，如奔如追，撩扑不开，牵挽不住。数百十万男男女女、老老少少，日簇拥于寺之前后左右者，凡四阅月方罢。恐大江以东，断无此二地矣。崇祯庚辰三月，昭庆寺火。是岁及辛巳、壬午岁洊饥[5]，民强半饿死。壬午虏鲠山东，香客断绝，无有至者，市遂废。辛巳夏，余在西湖，但见城中饿殍舁出，扛挠[6]相属。时杭州刘太守梦谦，汴梁人，乡里抽丰者多寓西湖，日以民词[7]馈送。有轻薄子改古诗诮之曰：“山不青山楼不楼，西湖歌舞一时休。暖风吹得死人臭，还把杭州送汴州。”可作西湖实录。

【注释】

①堪舆家：俗称风水先生。

②厌（yā）：以迷信的方法驱避灾祸。

③古德：佛教徒对年高有道的高僧的尊称。

④芫荽（yán sui）：香菜。

⑤洊（jiàn）饥：指饥荒连连。

⑥挠：疑为“挽”。

⑦民词：民间诉讼，这里指代诉讼获得的财物。

大佛头

大石佛寺。考旧史，秦始皇东游入海，缆舟于此石上。后因贾平章住里湖葛岭，宋大内在凤凰山，相去二十余里，平章闻朝钟响，即下湖船，不用篙楫，用大锦缆绞动盘车，则舟去如驶。大佛头，其系缆石桩也。平章败，后人镌为半身佛像，饰以黄金，构殿覆之，名大石佛院。至元末毁。明永乐间，僧志琳重建，敕赐大佛禅寺。贾秋壑为误国奸人，其于山水书画古董，凡经其鉴赏，无不精妙。所制锦缆，亦自可人。一日临安失火，贾方在半闲堂斗蟋蟀，报者络绎，贾殊不顾，但曰：“至太庙则报。”俄而，报者曰：“火直至太庙矣！”贾从小肩舆，四力士以椎剑护，舁舆人里许即易，倏忽至火所，下令肃然，不过曰：“焚太庙者，斩殿帅。”于是帅率勇士数十人，飞身上屋，一时扑灭。贾虽奸雄，威令必行，亦有快人处。

张岱《大石佛院》诗：

余少爱嬉游，名山恣探讨。泰岳既峗峨，补陀复杳渺。
天竺放光明，齐云集百鸟。活佛与灵神，金身皆藐小。
自到南明山，石佛出云表。食指及拇指，七尺犹未了。
宝石更特殊，当年石工巧。岩石[1]数丈高，止塑一头脑。
量其半截腰，丈六犹嫌少。问佛几许长，人天不能晓。
但见往来人，盘旋如虱蚤。而我独不然，参禅已到老。
入地而摩天，何在非佛道。色相求如来，巨细皆心造。
我视大佛头，仍然一茎草。

甄龙友《西湖大佛头赞》：

色如黄金，面如满月。尽大地人，只见一橛。

【注释】

①峃（què）石：大岩石。

保俶塔

宝石山高六十三丈，周一十三里。钱武肃王封寿星宝石山，罗隐为之记。其绝顶为宝峰，有保俶塔，一名宝所塔，盖保俶塔也。宋太平兴国元年，吴越王俶闻唐亡而惧，乃与妻孙氏、子惟濬、孙承祐入朝，恐其被留，许造塔以保之。称名，尊天子也。至都，赐礼贤宅以居，赏赉[1]甚厚。留两月遣还，赐一黄袱，封识甚固，戒曰：“途中宜密观。”及启之，则皆群臣乞留俶章疏也，俶甚感惧。既归，造塔以报佛恩。保俶之名，遂误为保叔。不知者遂有“保叔缘何不保夫”之句。俶为人敬慎，放归后，每视事，徙坐东偏，谓左右曰：“西北者，神京在焉，天威不违颜咫尺，俶敢宁居乎！”每修省入贡，焚香而后遣之。未几，以地归宋，封俶为淮海国王。其塔，元至正末毁，僧慧炬重建。明成化间又毁，正德九年僧文镛再建。嘉靖元年又毁，二十二年僧永固再建。隆庆三年大风折其顶，塔亦渐圮，万历二十二年重修。其地有寿星石、屯霞石。去寺百步，有看松台，俯临巨壑，凌驾松杪，看者惊悸。塔下石壁孤峭，缘壁有精庐四五间，为天然图画阁。

黄久文《冬日登保俶塔》诗：

当峰一塔微，落木净烟浦。日寒山影瘦，霜泐石棱苦。
山云自悠然，来者适为主。与子欲谈心，松风代吾语。

夏公谨《保叔塔》诗：

客到西湖上，春游尚及时。石门深历险，山阁静凭危。
午寺鸣钟乱，风潮去舫迟。清樽欢不极，醉笔更题诗。

钱思复《保俶塔》诗：

金刹天开画，铁檐风语铃。野云秋共白，江树晚逾青。
凿屋岩藏雨，黏崖石坠星。下看湖上客，歌吹正沉冥。

【注释】

①赏赉（lài）：奖赏，赏赐。

玛瑙寺

玛瑙坡在保俶塔西，碎石文莹，质若玛瑙，土人采之，以镌图篆。晋时遂建玛瑙宝胜院，元末毁，明永乐间重建。有僧芳洲仆夫艺①竹得泉，遂名仆夫泉。山颠有阁，凌空特起，凭眺最胜，俗称玛瑙山居。寺中有大钟，侈弇②齐适，舒而远闻，上铸《莲经》七卷，《金刚经》三十二分。昼夜十二时，保六僧撞之。每撞一声，则《法华》七卷、《金刚》三十二分，字字皆声。吾想法夜闻钟，起人道念，一至旦昼，无不牿亡③。今于平明白昼时听钟声，猛为提醒，大地山河，都为震动，则铿锵[④]一响，是竟《法华》一转、《般若》一转矣。内典云：人间钟鸣未歇际，地狱众生刑具暂脱此间也。鼎革以后，恐寺僧惰慢，不克如前。

张岱《玛瑙寺长鸣钟》诗：

女娲炼石如炼铜，铸出梵王千斛钟。
仆夫泉清洗刷早，半是顽铜半玛瑙。
锤金琢玉昆吾刀，盘旋钟纽走蒲牢。
十万八千《法华》字，《金刚般若》居其次。
贝叶[⑤]灵文满背腹，一声撞破莲花狱。
万鬼桁杨[⑥]暂脱离，不愁漏尽啼荒鸡。
昼夜百刻三千杵，菩萨慈悲泪如雨。
森罗殿前免刑戮，恶鬼狰狞齐退役。
一击渊渊[⑦]大地惊，青莲字字有潮音[⑧]。
特为众生解冤结，共听毗庐广长舌。
敢言佛说尽荒唐，劳我阇黎[⑨]日夜忙。
安得成汤开一面，吉网罗钳都不见。

【注释】

①艺：栽种。

②侈弇（yǎn）：侈，宽阔。弇，狭窄。

③牿（gù）亡：受到遏制，导致消亡。

④铿锵（hōng）：形容钟声洪亮。

⑤贝叶：这里指佛经。

⑥桁（háng）杨：指刑具，戴在脚上或者颈部。

⑦渊渊：通“鼘”，象声词，指鼓的声音。

⑧潮音：众僧诵经的声音。

⑨阇（shé）黎：泛指僧人。

智果寺

智果寺，旧在孤山，钱武肃王建。宋绍兴间造四圣观，徙于大佛寺西。先是，东坡守黄州，於潜僧道潜，号参寥子，自吴来访，东坡梦与赋诗，有“寒食清明都过了，石泉槐火一时新”之句。后七年，东坡守杭，参寥卜居智果，有泉出石罅间。寒食之明日，东坡来访，参寥汲泉煮茗，适符所梦。东坡四顾坛壝，谓参寥曰：“某生平未尝至此，而眼界所视，皆若素所经历者。自此上忏堂，当有九十三级。”数之，果如其言，即谓参寥子曰：“某前身寺中僧也，今日寺僧皆吾法属耳，吾死后，当舍身为寺中伽蓝。”参寥遂塑东坡像，供之伽蓝之列，留偈壁间，有“金刚开口笑钟楼，楼笑金刚雨打头。直待有邻通一线，两重公案一时修”。后寺破败。崇祯壬申，有扬州茂才鲍同德字有邻者来寓寺中，东坡两次入梦，属以修寺，鲍辞以“贫士安办此”。公曰：“子第为之，自有助子者。”次日，见壁间偈有“有邻”二字，遂心动立愿，作《西泠记梦》，见人辄出示之。一日至邸，遇维扬姚永言，备言其梦。座中有粤东谒选[①]进士宋公兆禴者，甚为骇异。次日，宋公筮仕[②]，遂得仁和。永言怂恿之，宋公力任其艰，寺得再葺。时有泉适出寺后，好事者仍名之参寥泉焉。

【注释】

①谒选：官吏到吏部应选。

②筮（shì）仕：文中指获得吏部指派。

六贤祠

宋时西湖有三贤祠两：其一在孤山竹阁。三贤者，白乐天、林和靖、苏东坡也。其一在龙井资圣院。三贤者，赵阅道、僧辨才、苏东坡也。宝庆间，袁樵移竹阁三贤祠于苏公堤，建亭馆以沽官酒。或题诗云：“和靖、东坡、白乐天，三人秋菊荐寒泉，而今满面生尘土，欲与袁樵趁酒钱。”又据陈眉公笔记，钱塘有水仙王庙，林和靖祠堂近之。东坡先生以和靖清节映世，遂移神像配食[①]水仙王。黄山谷有《水仙花》诗用此事：“钱塘昔闻水仙庙，荆州今见水仙花。暗香靓色撩诗句，宜在孤山处士家。”则宋时所祀，止和靖一人。明正德三年，郡守杨孟瑛重浚西湖，立四贤祠，以祀李邺侯、白、苏、林四人，杭人益以杨公，称五贤。而后乃祧[②]杨公，增祀周公维新、王公弇州，称六贤祠。张公亮曰：“湖上之祠，宜以久居其地与风流标令为山水深契者，乃列之。周公冷面，且为神明，有别祠矣；弇州文人，与湖非久要，今并四公而坐，恐难熟热也。”人服其确论。

张明弼《六贤祠》诗：

山川亦自有声气，西湖不易与人热。
五日京兆王弇州，冷面臬司号寒铁。
原与湖山非久要，心胸不复留风月。
犹议当时李邺侯，西泠尚未通舟楫。
惟有林苏白乐天，真与烟霞相接纳。
风流俎豆[③]自千秋，松风菊露梅花雪。

【注释】

①配食：配享。

②祧（tiāo）：这里指将神主迁去。

③俎豆：指代祭祀。

西泠桥

西泠桥一名西陵，或曰：即苏小小结同心处也。及见方子公诗有云：“‘数声渔笛知何处，疑在西泠第一桥。’陵作泠，苏小恐误。”余曰：“管不得，只西陵便好。且白公断桥诗‘柳色青藏苏小家’，断桥去此不远，岂不可借作西泠故实耶！”昔赵王孙孟坚子固常客武林，值菖蒲节[①]，周公谨同好事者邀子固游西湖。酒酣，子固脱帽，以酒晞[②]发，箕踞[③]歌《离骚》，旁若无人。薄暮入西泠桥，掠孤山，舣舟茂树间，指林麓最幽处，瞪目叫曰：“此真洪谷子、董北苑得意笔也。”邻舟数十，皆惊骇绝叹，以为真谪仙人。得山水之趣味者，东坡之后，复见此人。

袁宏道《西泠桥》诗：

西泠桥，水长在。松叶细如针，不肯结罗带。
莺如衫，燕如钗。油壁车，砍为柴。青骢马，自西来。
昨日树头花，今日陌上土。恨血与啼魂，一半逐风雨。

《桃花雨》诗：

浅碧深红大半残，恶风催雨剪刀寒。
桃花不比杭州女，洗却胭脂不耐看。

李流芳《西泠桥题画》：

余尝为孟旸题扇：“多宝峰头石欲摧，西泠桥边树不开。轻烟薄雾斜阳下，曾泛扁舟小筑来。”西泠桥树色，真使人可念，桥亦自有古色。近闻且改筑，当无复旧观矣。对此怅然。

【注释】

①菖蒲节：指端午节。

②晞（xī）：沐浴。

③箕踞：两腿张开坐着，像簸箕的形状，一副不拘礼节的样子。

岳王坟

岳鄂王死，狱卒隗顺负其尸，逾城至北山以葬。后朝廷购求葬处，顺之子以告。及启棺如生，乃以礼服殓焉。隗顺，史失载。今之得以崇封祀享、肸蚃[1]千秋，皆顺力也。倪太史元璐曰：“岳王祠，泥范忠武，铁铸桧、卨，人之欲不朽桧、卨也，甚于忠武。”按公之改谥忠武，自隆庆四年。墓前之有秦桧、王氏、万俟卨三像，始于正德八年，指挥李隆以铜铸之，旋为游人挞碎。后增张俊一像。四人反接，跪于丹墀。自万历二十六年，按察司副使范涞易之以铁，游人椎击益狠，四首齐落，而下体为乱石所掷，止露肩背。旁墓为银瓶小姐。王被害，其女抱银瓶坠井中死。杨铁崖乐府曰："岳家父，国之城；秦家奴，城之倾。皇天不灵，杀我父与兄。嗟我银瓶为我父，缇萦生不赎父死，不如无生。千尺井，一尺瓶，瓶中之水精卫鸣。"墓前有分尸桧。天顺八年，杭州同知马伟锯而植之，首尾分处，以示磔[②]桧状。隆庆五年，大雷击折之。朱太史之俊曰："一秦桧耳，铁首木心，俱不能保至此。"天启丁卯，浙抚造祠媚珰[③]，穷工极巧，徙苏堤第一桥于百步之外，数日立成，骇其神速。崇祯改元，魏珰败，毁其祠，议以木石修王庙。卜之王，王弗许。

岳云，王之养子，年十二从张宪战，得其力，大捷，号曰"赢官人"，军中皆呼焉。手握两铁锤，重八十斤。王征伐，未尝不与，每立奇功，王辄隐之。官至左武大夫、忠州防御使。死年二十二，赠安远军承宣使。所用铁锤犹存。

张宪为王部将，屡立战功。绍兴十年，兀术顿兵[④]临颍，宪破其兵，追奔十五里，中原大振。秦桧主和，班师。桧与张俊谋杀岳飞，诱飞部曲能告飞事者，卒无人应。张俊锻炼宪，被掠无完肤，强辩不伏，卒以冤死。景定二年，追封烈文侯。正德十二年，布衣王大祐发地得碣石，乃崇封焉。郡守梁材建庙，修撰唐皋记之。

牛皋墓在栖霞岭上。皋字伯远，汝州人，岳鄂王部将，素立战功。秦桧惧其怨己，一日大会众军士，置毒害之。皋将死，叹曰："吾年近六十，官至侍从郎，一死何恨，但恨和议一成，国家日削。大丈夫不能以马革裹尸报君父，是为叹耳！"

张景元《岳坟小记》：

岳少保坟祠，祠南向，旧在阛阓[⑤]。孙中贵为买民居，开道临湖，殊惬大观。祠右衣冠葬焉。石门华表，形制不巨，雅有古色。

周诗《岳王坟》诗：

将军埋骨处，过客式英风。北伐生前烈，南枝死后忠。

干戈戎马异，涕泪古今同。目断封丘上，苍苍夕照中。

高启《岳王坟》诗：
大树无枝向北风，千年遗恨泣英雄。
班师诏已成三殿，射虏书犹说两宫。
每忆上方谁请剑，空嗟高庙自藏弓。
栖霞岭上今回首，不见诸陵白雾中。

唐顺之《岳王坟》诗：
国耻犹未雪，身危亦自甘。九原[6]人不返，万壑气长寒。
岂恨藏弓早，终知借剑难。吾生非壮士，于此发冲冠。

蔡汝南《岳王墓》诗：
谁将三字狱，堕此一长城。北望真堪泪，南枝空自荣。
国随身共尽，君恃相为生。落日松风起，犹闻剑戟鸣。

王世贞《岳坟》诗：
落日松杉覆古碑，英风飒飒动灵祠。
空传赤帝中兴诏，自折黄龙大将旗。
三殿有人朝北极，六陵无树对南枝。
莫将乌喙论勾践，鸟尽弓藏也不悲。

徐渭《岳坟》诗：
墓门惨淡碧湖中，丹雘朱扉射水红。
四海龙蛇寒食后，六陵风雨大江东。
英雄几夜乾坤博[7]，忠孝传家俎豆同。
肠断两宫终朔雪，年年麦饭隔春风。

张岱《岳王坟》诗：
西泠烟雨岳王宫，鬼气阴森碧树丛。
函谷金人长堕泪，昭陵石马自嘶风。
半天雷电金牌冷，一族风波夜壑红。
泥塑岳侯铁铸桧，只令千载骂奸雄。

董其昌《岳坟柱对》：

南人归南，北人归北，小朝廷岂求活耶。

孝子死孝，忠臣死忠，大丈夫当如是矣。

张岱《岳坟柱铭》：

呼天悲铁像，此冤未雪，常闻石马哭昭陵。

拓地饮黄龙，厥志当酬，尚见泥兵湿蒋庙。

【注释】

①肸蚃（xī xiǎng）：延绵不绝。

②磔（zhé）：古代分尸的酷刑。

③珰：原意是妇女的耳饰，指代宦官，这里指魏忠贤。

④顿兵：军队驻扎。

⑤阛阓（huán huì）：闹市区。

⑥九原：黄泉。

⑦博：通“搏”，争斗。

紫云洞

紫云洞在烟霞岭右。其地怪石苍翠，劈空开裂，山顶层层，如厦屋天构。贾似道命工疏剔建庵，刻大士像于其上。双石相倚为门，清风时来，谽谺[①]透出，久坐使人寒栗。又有一坎突出洞中，蓄水澄洁，莫测其底。洞下有懒云窝，四山围合，竹木掩映，结庵其中。名贤游览至此，每有遗世之思。洞旁一壑幽深，昔人凿石，闻金鼓声而止，遂名“金鼓洞”。洞下有泉，曰“白沙”。好事者取以瀹茗[②]，与虎跑齐名。

王思任诗：

笋舆[③]幽讨遍，大壑气沉沉。山叶逢秋醉，溪声入午喑。

是泉从竹护，无石不云深。沁骨凉风至，僧寮絮碧阴。

【注释】

①谽谺（hān xiā）：中空。

②瀹（yuè）茗：这里指煮茶。

③笋舆：竹做的轿子。

西湖西路

玉泉寺

玉泉寺为故净空院。南齐建元中，僧昙起说法于此，龙王来听，为之抚掌出泉，遂建龙王祠。晋天福三年，始建净空院于泉左。宋理宗书“玉泉净空院”额。祠前有池亩许，泉白如玉，水望澄明，渊无潜甲。中有五色鱼百余尾，投以饼饵，则奋鬐鼓鬣，攫夺盘旋，大有情致。泉底有孔，出气如橐籥[1]，是即神龙泉穴。又有细雨泉，晴天水面如雨点，不解其故。泉出可溉田四千亩。近者曰鲍家田，吴越王相鲍庆臣采地也。万历二十八年，司礼孙东瀛于池畔改建大士楼居。春时，游人甚众，各携果饵到寺观鱼，喂饲之多，鱼皆餍饫，较之放生池，则侏儒饱欲死矣。

道隐《玉泉寺》诗：

在昔南齐时，说法有昙起。天花堕碧空，神龙听法语。
抚掌一赞叹，出泉成白乳。澄洁更空明，寒凉却酷暑。
石破起冬雷，天惊逗秋雨。如何烈日中，水纹如碎羽。
言有橐籥声，气孔在泉底。内多海大鱼，狰狞数百尾。
饼饵骤然投，要遮全振旅。见食即忘生，无怪盗贼聚。

【注释】

①橐籥（tuó yuè）：相当于现在的风箱。

集庆寺

九里松，唐刺史袁仁敬植。松以达天竺，凡九里，左右各三行，每行相去八九尺。苍翠夹道，藤萝冒涂，走其下者，人面皆绿。行里许，有集庆寺，乃宋理宗所爱阎妃功德院也。淳祐十一年建造。阎妃，鄞县人，以妖艳专宠后宫。寺额皆御书，巧丽冠于诸刹。经始时，望青采斫，勋旧不保，鞭笞追逮，扰及鸡豚。时有人书法堂鼓云："净慈灵隐三天竺，不及阎妃好面皮。"理宗深恨之，大索不得。此寺至今有理宗御容两轴。六陵既掘，冬青不生①，而帝之遗像竟托阎妃之面皮以存，何可轻诮也。元季毁，明洪武二十七年重建。

张京元《九里松小记》：

九里松者，仅见一株两株，如飞龙劈空，雄古奇伟。想当年万绿参天，松风声壮于钱塘潮，今已化为乌有。更千百岁，桑田沧海，恐北高峰头有螺蚌壳矣，安问树有无哉！

陈玄晖《集庆寺》诗：

玉钩斜内一阎妃，姓氏犹传真足奇。
宫嫔若非能佞佛，御容焉得在招提。

布地黄金出紫薇，官家不若一阎妃。
江南赋税凭谁用，日纵平章恣水嬉。

开荒筑土建坛壝，功德巍峨在石碑。
集庆犹存宫殿毁，面皮真个属阎妃。

昔日曾传九里松，后闻建寺一朝空。
放生自出罗禽鸟，听信阇黎说有功。

【注释】

①六陵既掘，冬青不生：元代僧人杨琏真迦盗掘宋帝陵墓，将骨骸弃置荒野。义士唐珏等偷出宋帝遗骨，葬于兰亭，并栽种了冬青树作为标记。

飞来峰

飞来峰，棱层剔透，嵌空玲珑，是米颠袖中一块奇石。使有石癖者见之，必具袍笏下拜，不敢以称谓简亵，只以“石丈”呼之也。深恨杨髡[①]，遍体俱凿佛像，罗汉世尊，栉比皆是，如西子以花艳之肤，莹白之体，刺作台池鸟兽，乃以黔墨涂之也。奇格天成，妄遭锥凿，思之骨痛。翻恨其不匿影西方，轻出灵鹫，受人戮辱；亦犹士君子生不逢时，不束身隐遁，以才华杰出，反受摧残，郭璞、祢衡并受此惨矣。慧理一叹，谓其何事飞来，盖痛之也，亦惜之也。且杨髡沿溪所刻罗汉，皆貌己像，骑狮骑象，侍女皆裸体献花，不一而足。田公汝成锥碎其一；余少年读书岣嵝，亦碎其一。闻杨髡当日住德藏寺，专发古冢，喜与僵尸淫媾。知寺后有来提举夫人与陆左丞化女，皆以色夭，用水银灌殓。杨命发其冢。有僧真谛者，性呆戆，为寺中樵汲，闻之大怒，嗥呼诟谇。主僧惧祸，锁禁之。及五鼓，杨髡起，趣众发掘，真谛逾垣而出，抽韦驮木杵，奋击杨髡，裂其脑盖。从人救护，无不被伤。但见真谛于众中跳跃，每逾寻丈，若隼撇虎腾，飞捷非人力可到。一时灯炬皆灭，耰[②]锄畚锸都被毁坏。杨髡大惧，谓是韦驮显圣，不敢往发，率众遽去，亦不敢问。此僧也，洵为山灵吐气。

袁宏道《飞来峰小记》：

湖上诸峰，当以飞来峰为第一。峰石逾数十丈，而苍翠玉立。渴虎奔猊[③]，不足为其怒也；神呼鬼立，不足为其怪也；秋水暮烟，不足为其色也；颠书吴画，不足为其变幻诘曲也。石上多异木，不假土壤，根生石外。前后大小洞四五，窈窕通明，溜乳[④]作花，若刻若镂。壁间佛像，皆杨髡所为，如美人面上瘢痕，奇丑可厌。余前后登飞来者五：初次与黄道元、方子公同登，单衫短后，直穷莲花峰顶。每遇一石，无不发狂大叫。次与王闻溪同登；次为陶石篑、周海门；次为王静虚、陶石篑兄弟；次为鲁休宁。每游一次，辄思作一诗，卒不可得。

又《戏题飞来峰》诗：
试问飞来峰，未飞在何处。
人世多少尘，何事飞不去。
高古而鲜妍，杨、班不能赋。

白玉簇其颠，青莲借其色。
惟有虚空心，一片描不得。
平生梅道人，丹青如不识。

张岱《飞来峰》诗：
石原无此理，变幻自成形。天巧疑经凿，神功不受型。
搜空或涤水，开辟必雷霆。应悔轻飞至，无端遭巨灵。

石意犹思动，蹲踞势若撑。鬼工穿曲折，儿戏斫珑玲。
深入营三窟，蛮开倩五丁。飞来或飞去，防尔为身轻。

【注释】

①杨髡（kūn）：对杨琏真迦的蔑称。

②耨（nòu）：古代一种锄草用的农具。

③猊（ní）：指狮子。

④溜乳：钟乳石。

冷泉亭

冷泉亭在灵隐寺山门之左。丹垣绿树，翳映阴森。亭对峭壁，一泓泠然，凄清入耳。亭后西栗十余株，大皆合抱，冷飔暗樾，遍体清凉。秋初栗熟，大若樱桃，破苞食之，色如蜜珀，香若莲房。天启甲子，余读书岣嵝山房，寺僧取作清供。余谓鸡头实[①]无其松脆、鲜胡桃逊其甘芳也。夏月乘凉，移枕簟就亭中卧月，涧流淙淙，丝竹并作。张公亮听此水声，吟林丹山诗“流向西湖载歌舞，回头不似在山时”，言此水声带金石，已先作歌舞声矣，不入西湖安入乎！余尝谓住西湖之人，无人不带歌舞，无山不带歌舞，无水不带歌舞，脂粉纨绮，即村妇山僧，亦所不免。因忆眉公之言曰：“西湖有名山，无处士；有古刹，无高僧；有红粉，无佳人；有花朝，无月夕。”曹娥雪亦有诗嘲之曰：“烧鹅羊肉石灰汤，先到湖心次岳王。斜日未曛客未醉，齐抛明月进钱塘。”余在西湖，多在湖船作寓，夜夜见湖上之月，而今又避嚣灵隐，夜坐冷泉亭，又夜夜对山间之月，何福消受。余故谓西湖幽赏，无过东坡，亦未免遇夜入城。而深山清寂，皓月空明，枕石漱流，卧醒花影，除林和靖、李岣嵝之外，亦不见有多人矣。即慧理、宾王，亦不许其同在卧次。

袁宏道《冷泉亭小记》：

灵隐寺在北高峰下，寺最奇胜，门景尤好。由飞来峰至冷泉亭一带，涧水溜玉，画壁流香，是山之极胜处。亭在山门外，尝读乐天记有云：“亭在山下水中，寺西南隅，高不倍寻，广不累丈，撮奇搜胜，物无遁形。春之日，草薰木欣，可以导和纳粹；夏之日，风泠泉渟[②]，可以蠲烦析酲[③]。山树为盖，岩石为屏，云从栋生，水与阶平。坐而玩之，可濯足于床下；卧而狎之，可垂钓于枕上。潺湲洁澈，甘粹柔滑，眼目之嚣，心舌之垢，不待盥涤，见辄除去。”观此记，亭当在水中，今依涧而立。涧阔不丈余，无可置亭者。然则冷泉之景，比旧盖减十分之七矣。

【注释】

①鸡头实：芡实。

②渟（tíng）：指泉水积聚不流。

③蠲（juān）烦析酲：除去烦忧，消解酒后的困倦。

灵隐寺

明季昭庆寺火，未几而灵隐寺火，未几而上天竺又火，三大寺相继而毁。是时唯具德和尚为灵隐住持，不数年而灵隐早成。盖灵隐自晋咸和元年，僧慧理建，山门匾曰“景胜觉场”，相传葛洪所书。寺有石塔四，钱武肃王所建。宋景德四年，改“景德灵隐禅寺”，元至正三年毁。明洪武初再建，改灵隐寺。宣德七年，僧昙赞建山门，良玠建大殿。殿中有拜石，长丈余，有花卉鳞甲之文，工巧如画。正统十一年，玹理建直指堂，堂额为张即之所书，隆庆三年毁。万历十二年，僧如通重建；二十八年司礼监孙隆重修，至崇祯十三年又毁。具和尚查如通旧籍，所费八万，今计工料当倍之。具和尚惨淡经营，咄嗟立办。其因缘之大，恐莲池金粟所不能逮也。具和尚为余族弟，丁酉岁，余往候之，则大殿、方丈尚未起工，然东边一带，闷阁精蓝凡九进，客房僧舍百什余间，棐几藤床，铺陈器皿，皆不移而具。香积厨中，初铸三大铜锅，锅中煮米三担，可食千人。具和尚指锅示余曰：“此弟十余年来所挣家计也。”饭僧之众，亦诸刹所无。午间方陪余斋，见有沙弥持赫蹄送看，不知何事，第对沙弥曰：“命库头开仓。”沙弥去。及余饭后出寺门，见有千余人蜂拥而来，肩上担米，顷刻上廪，斗斛无声，忽然竟去。余问和尚，和尚曰：“此丹阳施主某，岁致米五百担，水脚挑钱，纤悉自备，不许饮常住勺水，七年于此矣。”余为嗟叹。因问大殿何时可成，和尚对以：“明年六月，为弟六十，法子万人，人馈十金，可得十万，则吾事济矣。”逾三年而大殿、方丈俱落成焉。余作诗以记其盛。

张岱《寿具和尚并贺大殿落成》诗：
飞来石上白猿立，石自呼猿猿应石。
具德和尚行脚来，山鬼啾啾寺前泣。

生公叱石同叱羊，沙飞石走山奔忙。
驱使万灵皆辟易，火龙为之开洪荒。
正德初年有簿对，八万今当增一倍。
谈笑之间事已成，和尚功德可思议。
黄金大地破悭贪，聚米成丘粟若山。
万人团簇如蜂蚁，和尚植杖意自闲。
余见催科只数贯，县官敲朴加锻炼。
白粮升合尚怒呼，如坻如京不盈半。
忆昔访师坐法堂，赫蹄数寸来丹阳。
和尚声色不易动，第令侍者开仓场。
去不移时阶戺[①]乱，白粲驮来五百担。
上仓斗斛寂无声，千百人夫顷刻散。
米不追呼人不系，送到座前犹屏气。
公侯福德将相才，罗汉神通菩萨慧。
如此工程非戏谑，向师颂之师不诺。
但言佛自有因缘，老僧只怕因果错。
余自闻言请受记，阿难本是如来弟。
与师同住五百年，挟取飞来复飞去。

张祜《灵隐寺》诗：
峰峦开一掌，朱槛几环延。佛地花分界，僧房竹引泉。
五更楼下月，十里郭中烟。后塔耸亭后，前山横阁前。
溪沙涵水静，洞石点苔鲜。好是呼猿父，西岩深响连。

贾岛《灵隐寺》诗：
峰前峰后寺新秋，绝顶高窗见沃洲。
人在定中闻蟋蟀，鹤于栖处挂猕猴。
山钟夜度空江水，汀月寒生古石楼。
心欲悬帆身未逸，谢公此地昔曾游。

周诗《灵隐寺》诗：

灵隐何年寺，青山向此开。涧流原不断，峰石自飞来。
树覆空王苑，花藏大士台。探冥有玄度[②]，莫遣夕阳催。

【注释】

①戺（shì）：台阶旁边砌的斜石。

②玄度：这里指月亮。

北高峰

北高峰在灵隐寺后，石磴数百级，曲折三十六湾。上有华光庙，以祀五圣。山半有马明王庙，春日祈蚕者[①]咸往焉。峰顶浮屠七级，唐天宝中建，会昌中毁；钱武肃王修复之，宋咸淳七年复毁。此地群山屏绕，湖水镜涵，由上视下，歌舫渔舟，若鸥凫出没烟波，远而益微，仅觌其影。西望罗刹江，若匹练新濯，遥接海色，茫茫无际。张公亮有句"江气白分海气合，吴山青尽越山来"，诗中有画。郡城正值江湖之间，委蛇曲折，左右映带，屋宇鳞次，竹木云蓊，郁郁葱葱，凤舞龙盘，真有王气蓬勃。山麓有无着禅师塔。师名文喜，唐肃宗时人也，瘗骨于此。韩侂胄取为葬地，启其塔，有陶龛焉。容色如生，发垂至肩，指爪盘屈绕身，舍利数百粒，三日不坏，竟荼毗[②]之。

苏轼《游灵隐高峰塔》诗：

言游高峰塔，蓐食[③]始野装。火云秋未衰，及此初旦凉。
雾霏岩谷暗，日出草木香。嘉我同来人，又便云水乡。
相劝小举足，前路高且长。古松攀龙蛇，怪石坐牛羊。
渐闻钟磬音，飞鸟皆下翔。入门空无有，云海浩茫茫。
惟见聋道人，老病时绝粮。问年笑不答，但指穴梨床。
心知不复来，欲归更彷徨。赠别留匹布，今岁天早霜。

【注释】

①祈蚕者：祭祀蚕神以祈求丰收的人。

②荼（tú）毗：梵语，指焚烧。这里是火化僧人尸体的意思。

③蓐（rù）食：坐在床榻上吃早饭。

岣嵝山房

李芨号岣嵝，武林人，住灵隐韬光山下。造山房数楹，尽驾回溪绝壑之上。溪声淙淙出阁下，高厓插天，古木蓊蔚，大有幽致。山人居此，孑然一身，好诗。与天池徐渭友善。客至，则呼僮驾小舫，荡桨于西泠、断桥之间，笑咏竟日。以山石自磦[①]生圹，死即埋之。所著有《岣嵝山人诗集》四卷。天启甲子，余与赵介臣、陈章侯、颜叙伯、卓珂月、余弟平子读书其中。主僧自超，园蔬山蔌，淡薄凄清。但恨名利之心未净，未免唐突山灵，至今犹有愧色。

张岱《岣嵝山房小记》[②]：

岣嵝山房，逼山、逼溪、逼韬光路，故无径不梁，无屋不阁。门外苍松傲睨，蓊以杂木，冷绿万顷，人面俱失。石桥低磴，可坐十人。寺僧刳竹引泉，桥下交交牙牙，皆为竹节。天启甲子，余键户其中者七阅月，耳饱溪声，目饱清樾。山上下多西栗、鞭笋，甘芳无比。邻人以山房为市，蓏果、羽族日致之，而独无鱼。乃潴溪为壑，系巨鱼数十头。有客至，辄取鱼给鲜。日晡，必步冷泉亭、包园、飞来峰。一日，缘溪走看佛像，口口骂杨髡。见一波斯胡坐龙象，蛮女四五献花果，皆裸形，勒石志之，乃真伽像也。余椎落其首，并碎诸蛮女，置溺溲处以报之。寺僧以余为椎佛也，咄咄作怪事，及知为杨髡，皆欢喜赞叹。

徐渭《访李岣嵝山人》诗：

岣嵝诗客学全真，半日深山说鬼神。

送到涧声无响处，归来明月满前津。

七年火宅三车客（文长被系七年才释），十里荷花两桨人。

两岸鸥凫仍似昨，就中应有旧相亲。

王思任《岣嵝僧舍》诗：

乱苔膏古荫，惨绿蔽新芊。鸟语皆番异，泉心即佛禅。

买山应较尺，赊月敢辞钱。多少清凉界，幽僧抱竹眠。

【注释】

①磊：即垒，堆砌。。

②《岣嵝山房小记》：此文为《陶庵梦忆》中的文章，原名为“岣嵝山房”。

青莲山房

青莲山房，为涵所包公[①]之别墅也。山房多修竹古梅，倚莲花峰，跨曲涧，深岩峭壁，掩映林峦间。公有泉石之癖，日涉成趣。台榭之美，冠绝一时。外以石屑砌坛，柴根编户，富贵之中，又着草野。正如小李将军作丹青界画，楼台细画，虽竹篱茅舍，无非金碧辉煌也。曲房密室，皆储偫[②]美人，行其中者，至今犹有香艳。当时皆珠翠团簇，锦绣堆成。一室之中，宛转曲折，环绕盘旋，不能即出。主人于此精思巧构，大类迷楼。而后人欲如包公之声伎满前，则亦两浙荐绅先生所绝无者也。今虽数易其主，而过其门者必曰“包氏北庄”。

陈继儒《青莲山房》诗：

造园华丽极，反欲学村庄。编户留柴叶，磊坛带石霜。

梅根常塞路，溪水直穿房。觅主无从入，裴回走曲廊。

主人无俗态，筑圃见文心。竹暗常疑雨，松梵自带琴。

牢骚寄声伎，经济储山林。久已无常主，包庄说到今。

【注释】

①涵所包公：包应登，字涵所，万历十四年（1586年）进士，常以声色自娱。

②储偫（zhì）：存储以备用。

上天竺

上天竺，晋天福间，僧道翊结茅庵于此。一夕，见毫光发于前涧，俛视之，得一奇木，刻画观音大士像。后汉乾祐间，有僧从勋自洛阳持古佛舍利来，置顶上，妙相庄严，端正殊好，昼放白光，士民崇信。钱武肃王常梦白衣人求葺其居，寤而有感，遂建天竺观音看经院。宋咸平中，浙西久旱，郡守张去华[1]率僚属具幡幢华盖迎请下山，而澍雨沾足。自是有祷辄应，而雨每滂薄不休，世传烂稻龙王焉。南渡时，施舍珍宝，有日月珠、鬼谷珠、猫睛等，虽大内亦所罕见。嘉祐中，沈文通治郡，谓观音以声闻宣佛力，非禅那[2]所居，乃以教易禅，令僧元净号辨才者主之。凿山筑室，几至万础。治平中，郡守蔡襄奏赐“灵感观音”殿额。辨才乃益凿前山，辟地二十有五寻，殿加重檐。建咸四年，兀术入临安，高宗航海。兀术至天竺，见观音像喜之，乃载后车，与《大藏经》并徙而北。时有比丘知完者，率其徒以从。至燕，舍于都城之西南五里，曰玉河乡，建寺奉之。天竺僧乃重以他木刻肖前像，诡曰“藏之井中，今方出现”，其实并非前像也。乾道三年，建十六观堂，七年，改院为寺，门扁皆御书。庆元三年，改天台教寺。元至元三年毁。五年，僧庆思重建，仍改天竺教寺。元末毁。明洪武初重建，万历二十七年重修。崇祯末年又毁，清初又建。时普陀路绝，天下进香者皆近就天竺，香火之盛，当甲东南。二月十九日，男女宿山之多，殿内外无下足处，与南海潮音寺正等。

张京元《上天竺小记》：

天竺两山相夹，回合若迷。山石俱骨立，石间更绕松篁。过下竺，诸僧鸣钟肃客，寺荒落不堪入。中竺如之。至上竺，山峦环抱，风气甚固，望之亦幽致。

萧士玮《上天竺小记》：

上天竺，叠嶂四周，中忽平旷，巡览迎眺，惊无归路。余知身之入而不知其所由入也。从天竺抵龙井，曲涧茂林，处处有之。一片云、神运石，风气道逸，神明刻露。选石得此，亦娶妻得姜[③]矣。泉色绀碧，味淡远，与他泉迥矣。

苏轼《记天竺诗引》：

轼年十二，先君自虔州归，谓予言："近城山中天竺寺，有乐天亲书诗云：'一山门作两山门，两寺原从一寺分。东涧水流西涧水，南山云起北山云。前台花发后台见，上界钟鸣下界闻。遥想吾师行道处，天香桂子落纷纷。'笔势奇逸，墨迹如新。"今四十七年，予来访之，则诗已亡，有刻石在耳。感涕不已，而作是诗。

又《赠上天竺辨才禅师》诗：

南北一山门，上下两天竺。中有老法师，瘦长如鹳鹄。
不知修何行，碧眼照山谷。见之自清凉，洗尽烦恼毒。
坐令一都会，方丈礼白足。我有长头儿，角颊峙犀玉。
四岁不知行，抱负烦背腹。师来为摩顶，起走趁奔鹿。
乃知戒律中，妙用谢羁束。何必言法华，佯狂啖鱼肉。

张岱《天竺柱对》：

佛亦爱临安，法像自北朝留住。
山皆学灵鹫，洛伽从南海飞来。

【注释】

①张去华：字信臣，开封人。建隆二年（961年）中状元。以工部侍郎身份致仕。

②禅那：即禅定，佛教用语。

③娶妻得姜：意思是娶到极其美丽的妻子，这里表达了一种意外的惊喜。

西湖中路

秦楼

秦楼初名水明楼，东坡建，常携朝云[①]至此游览。壁上有三诗，为坡公手迹。过楼数百武[②]，为镜湖楼，白乐天建。宋时宦杭者，行春则集柳洲亭，竞渡则集玉莲亭，登高则集天然图画阁，看雪则集孤山寺，寻常宴客则集镜湖楼。兵燹之后，其楼已废，变为民居。

苏轼《水明楼》诗：

黑云翻墨未遮山，白雨跳珠乱入船。
卷地风来忽吹散，望湖楼下水连天。

放生鱼鸟逐人来，无主荷花到处开。
水浪能令山俯仰，风帆似与月裴回。

未成大隐成中隐，可得长闲胜暂闲。
我本无家更焉往，故乡无此好湖山。

【注释】

①朝云：苏轼的小妾。

②武：古时以六尺为步，半步为武。

十锦塘

十锦塘，一名孙堤，在断桥下。司礼太监孙隆于万历十七年修筑。堤阔二丈，遍植桃柳，一如苏堤。岁月既多，树皆合抱。行其下者，枝叶扶苏，漏下月光，碎如残雪。意向言断桥残雪，或言月影也。苏堤离城远，为清波孔道，行旅甚稀；孙堤直达西泠，车马游人，往来如织，兼以西湖光艳，十里荷香，如入山阴道上，使人应接不暇。湖船小者，可入里湖，大者缘堤倚徙，由锦带桥循至望湖亭，亭在十锦塘之尽。渐近孤山，湖面宽厂。孙东瀛修葺华丽，增筑露台，可风可月，兼可肆筵设席。笙歌剧戏，无日无之。今改作龙王堂，旁缀数楹，咽塞离披，旧景尽失。再去，则孙太监生祠，背山面湖，颇极壮丽。近为卢太监舍以供佛，改名卢舍庵，而以孙东瀛像置之佛龛之后。孙太监以数十万金钱装塑西湖，其功不在苏学士之下，乃使其遗像不得一见湖光山色，幽囚面壁，见之大为鲠闷。

袁宏道《断桥望湖亭小记》：

湖上由断桥至苏公堤一带，绿烟红雾，弥漫二十余里。歌吹为风，粉汗为雨，罗纨之盛，多于堤畔之柳，冶艳极矣。然杭人游湖，止午、未、申三时，其实湖光染翠之工，山岚设色之妙，全在朝日始出、夕舂[①]未下，始极其浓媚。月景尤为清艳，花态柳情，山容水意，别是一种趣味。此乐留与山僧游客受用，安可为俗士道哉！

望湖亭即断桥一带，堤甚工致，比苏公堤犹美。夹道种绯桃、垂柳、芙蓉、山茶之属二十余种。堤边白石砌如玉，布地皆软沙如茵。杭人曰："此内使孙公所修饰也。"此公大是西湖功德主。自昭庆、天竺、净慈、龙井及山中庵院之属，所施不下数十万。余谓白、苏二公，西湖开山古佛，此公异日伽蓝也。"腐儒，几败乃公事！"可厌！可厌！

张京元《断桥小记》：

西湖之胜，在近；湖之易穷，亦在近。朝车暮舫，徒行缓步，人人可游，时时可游。而酒多于水，肉高于山，春时肩摩趾错，男女杂沓，以挨簇为乐。无论意不在山水，即桃容柳眼，自与东风相倚，游者何曾一着眸子也。

李流芳《断桥春望图题词》：

往时至湖上，从断桥一望，便魂消欲死。还谓所知，湖之潋滟熹微，大约如晨光之着树、明月之入庐。盖山水映发，他处即有澄波巨浸，不及也。壬子正月，以访旧重至湖上，辄独往断桥，裴回终日，翌日为杨谶西题扇云："十里西湖意，都来到断桥。寒生梅萼小，春入柳丝娇。乍见应疑梦，重来不待招。故人知我否，吟望正萧条。"又明日作此图。小春[②]四日，同孟旸、子与夜话，题此。

谭元春《湖霜草序》：

予以己未九月五日至西湖，不寓楼阁，不舍庵刹，而以琴尊书札，托一小舟。而舟居之妙，在五善焉：舟人无酬答，一善也；昏晓不爽其候，二善也；访客登山，恣意所如，三善也；入断桥，出西泠，午眠夕兴，四善也；残客可避，时时移棹，五善也。挟此五善，以长于湖。僧上凫下，觞止茗生，篙楫因风，渔茭[③]聚火。盖以朝山夕水，临涧对松，岸柳池莲，藏身接友，早放孤山，晚依宝石，足了吾生，足济吾事矣。

王叔杲《十锦塘》诗：

横截平湖十里天，锦桥春接六桥烟。
芳林花发霞千树，断岸光分月两川。
几度觞飞堤外景，一清棹发镜中船。
奇观妆点知谁力，应有歌声被管弦。

白居易《望湖楼》诗：

尽日湖亭卧，心闲事亦稀。起因残醉醒，坐待晚凉归。
松雨飘苏帽，江风透葛衣。柳堤行不厌，沙软絮霏霏。

徐渭《望湖亭》诗：

亭上望湖水，晶光淡不流。镜宽万影落，玉湛一矾浮。

寒入沙芦断，烟生野鹜投。若从湖上望，翻羡此亭幽。

张岱《西湖七月半》记：

西湖七月半，一无可看，止可看看七月半之人。看七月半之人，以五类看之。其一，楼船箫鼓，峨冠盛筵，灯火优傒，声光相乱，名为看月而实不见月者，看之。其一，亦船亦楼，名娃闺秀，携及童娈，笑啼杂之，环坐露台，左右盼望，身在月下而实不看月者，看之。其一，亦船亦声歌，名妓闲僧，浅酌低唱，弱管轻丝，竹肉相发，亦在月下，亦看月，而欲人看其看月者，看之。其一，不舟不车，不衫不帻，酒醉饭饱，呼群三五，挤入人丛，昭庆、断桥，嘄呼嘈杂，装假醉，唱无腔曲，月亦看，看月者亦看，不看月者亦看，而实无一看者，看之。其一，小船轻幌，净几暖炉，茶铛旋煮，素瓷静递，好友佳人，邀月同坐，或匿影树下，或逃嚣里湖，看月而人不见其看月之态，亦不作意看月者，看之。杭人游湖，巳出酉归，避月如仇。是夕好名，逐队争出，多犒门军酒钱，轿夫擎燎，列俟岸上。一入舟，速舟子急放断桥，赶入胜会。以故二鼓以前，人声鼓吹，如沸如撼，如魇如呓，如聋如哑，大船小船一齐凑岸，一无所见，止见篙击篙，舟触舟，肩摩肩，面看面而已。少刻兴尽，官府席散，皂隶喝道去，轿夫叫船上人，怖以关门，灯笼火把如列星，一一簇拥而去。岸上人亦逐队赶门，渐稀渐薄，顷刻散尽矣。吾辈始舣舟近岸，断桥石磴始凉，席其上，呼客纵饮。此时，月如镜新磨，山复整妆，湖复颒面④。向之浅斟低唱者出，匿影树下者亦出，吾辈往通声气，拉与同坐。韵友来，妙妓至，杯箸安，竹肉发。月色苍凉，东方将白，客方散去。吾辈纵舟，酣睡于十里荷花之中，香气拍人，清梦甚惬。

【注释】

①夕舂：指夕阳。

②小春：夏历十月。

③渔荛：打鱼的人和割草的人。

④颒（huì）：洗脸。

孤山

《水经注》曰：水黑曰卢，不流曰奴；山不连陵曰孤。梅花屿介于两湖之间，四面岩峦，一无所丽[①]，故曰孤也。是地水望澄明，皦焉冲照，亭观绣峙，两湖反景，若三山之倒水下。山麓多梅，为林和靖放鹤之地。林逋隐居孤山，宋真宗征之不就，赐号和靖处士。常畜双鹤，豢之樊中。逋每泛小艇，游湖中诸寺，有客来，童子开樊放鹤，纵入云霄，盘旋良久，逋必棹艇遄归，盖以鹤起为客至之验也。临终留绝句曰："湖外青山对结庐，坟前修竹亦萧疏。茂陵他日求遗稿，犹喜曾无封禅书。"绍兴十六年建四圣延祥观，尽徙诸院刹及士民之墓，独逋墓诏留之，弗徙。至元，杨连真伽发其墓，唯端砚一、玉簪一。明成化十年，郡守李端修复之。天启间，有王道士欲于此地种梅千树。云间张侗初太史补《孤山种梅序》。

袁宏道《孤山小记》：

孤山处士，妻梅子鹤，是世间第一种便宜人。我辈只为有了妻子，便惹许多闲事，撇之不得，傍之可厌，如衣败絮行荆棘中，步步牵挂。近日雷峰下有虞僧儒，亦无妻室，殆是孤山后身。所著《溪上落花诗》，虽不知于和靖如何，然一夜得百五十首，可谓迅捷之极。至于食淡参禅，则又加孤山一等矣，何代无奇人哉！

张京元《孤山小记》：

孤山东麓，有亭翼然。和靖故址，今悉编篱插棘。诸巨家规种桑养鱼之利，然亦赖其稍葺亭榭，点缀山容。楚人之弓，何问官与民也。

又《萧照画壁》：

西湖凉堂，绍兴间所构。高宗将临观之。有素壁四堵，高二丈，中贵人促萧照往绘山水。照受命，即乞尚方酒四斗，夜出孤山，每一鼓即饮一斗，尽一斗则一堵已成，而照亦沉醉。上至，览之叹赏，宣赐金帛。

沈守正《孤山种梅疏》：

西湖之上，葱蒨亲人，亦爽朗易尽。独孤山盘郁重湖之间，水石草木皆有幽色。唐时楼阁参差，诗歌点缀，冠于两湖。读“不雨山常润，无云水自阴”之句，犹可想见当时。道孤山者，不径西泠，必沿湖水，不似今从望湖折阛阓而入也。此地尚有古梅偃蹇，云是和靖故居。

李流芳《题孤山夜月图》：

曾与印持诸兄弟醉后泛小艇，从孤山而归。时月初上新堤，柳枝皆倒影湖中，空明摩荡，如镜中，复如画中。久怀此胸臆，壬子在小筑，忽为孟旸写出，真画中矣。

苏轼《书林逋诗后》：

吴侬生长湖山曲，呼吸湖光饮山渌。
不论世外隐君子，佣儿贩妇皆冰玉。
先生可是绝俗人，神清骨冷无由俗。
我不识见曾梦见，瞳子了然光可烛。
遗篇妙字处处有，步绕西湖看不足。
诗如东野不言寒，书似西台差少肉。
平生高节已难继，将死微言犹可录。
自言不作封禅书，更肯悲吟白头曲。
我笑吴人不好事，好作祠堂傍修竹。
不然配食水仙王，一盏寒泉荐秋菊。

张祜《孤山》诗：

楼台耸碧岑，一径入湖心。不雨山常润，无云水自阴。
断桥荒藓合，空院落花深。犹忆西窗月，钟声出北林。

徐渭《孤山玩月》诗：
湖水淡秋空，练色澄初静。倚棹激中流，幽然适吾性。
举酒忽见月，光与波相映。西子拂淡妆，遥岚挂孤镜。
座客本玉姿，照耀几筵莹。暇时吐高怀，四座尽倾听。
却言处士疏，徒抱梅花咏。如以径寸鱼，蹄涔即成泳。
论久兴弥洽，返棹堤逾迥。自顾纵清谈，何嫌麈麈柄[2]。

卓敬《孤山种梅》诗：
风流东阁题诗客，潇洒西湖处士家。
雪冷江深无梦到，自锄明月种梅花。

王稚登《赠林纯卿卜居孤山》诗：
藏书湖上屋三间，松映轩窗竹映关。
引鹤过桥看雪去，送僧归寺带云还。
轻红荔子家千里，疏影梅花水一湾。
和靖高风今已远，后人犹得住孤山。

陈鹤《题孤山林隐君祠》诗：
孤山春欲半，犹及见梅花。笑踏王孙草，闲寻处士家。
尘心莹水镜，野服映山霞。岩壑长如此，荣名岂足夸。

王思任《孤山》诗：
淡水浓山画里开，无船不署好楼台。
春当花月人如戏，烟入湖灯声乱催。
万事贤愚同一醉，百年修短未须哀。
只怜逋老栖孤鹤，寂寞寒篱几树梅。

张岱《补孤山种梅叙》：

盖闻地有高人，品格与山川并重；亭遗古迹，梅花与姓氏俱香。名流虽以代迁，胜事自须人补。在昔西泠逸老，高洁韵同秋水，孤清操比寒梅。疏影横斜，远映西湖清浅；暗香浮动，长陪夜月黄昏。今乃人去山空，依然水流花放。瑶葩洒雪，乱飘冢上苔痕；玉树迷烟，恍堕林间鹤羽。兹来韵友，欲步前贤，补种千梅，重修孤屿。凌寒三友，早连九里松篁；破腊一枝，远谢六桥桃柳。伫想水边半树，点缀冰花；待将雪后横枝，低昂铁干。美人来自林下，高士卧于山中。白石苍崖，拟筑草亭招放鹤；浓山淡水，闲锄明月种梅花。有志竟成，无约不践。将与罗浮争艳，还期庾岭分香。实为林处士之功臣，亦是苏长公之胜友。吾辈常劳梦想，应有宿缘。哦曲江诗（曲江张九龄有《庭梅吟》），便见孤芳风韵；读广平赋，尚思铁石心肠。共策灞水之驴，且向断桥踏雪；遥瞻漆园之蝶[③]，群来林墓寻梅。莫负佳期，用追芳躅。

张岱《林和靖墓柱铭》：

云出无心，谁放林间双鹤；

月明有意，即思冢上孤梅。

【注释】

①丽：依附。

②麈（zhǔ）柄：拂尘一类的东西。

③漆园之蝶：这里用的是“庄周梦蝶”的典故，庄子曾是漆园吏。

关王庙

北山两关王庙。其近岳坟者，万历十五年为杭民施如忠所建。如忠客燕，涉潞河，飓风作，舟将覆，恍惚见王率诸河神拯救获免，归即造庙祝之，并祀诸河神。冢宰[①]张瀚记之。其近孤山者，旧祠卑隘。万历四十二年，金中丞为导首鼎新之。太史董其昌手书碑石记之。

其词曰：

西湖列刹相望，梵宫之外，其合于祭法者，岳鄂王、于少保与关神而三尔。甲寅秋，神宗皇帝梦感圣母中夜传诏，封神为伏魔帝君，易兜鍪而衮冕[2]，易大纛而九斿[3]。五帝同尊，万灵受职。视操、懿、莽、温偶奸大物，生称贼臣，死堕下鬼，何啻天渊。顾旧祠湫隘，不称诏书播告之意。金中丞父子爰议鼎新，时维导首，得孤山寺旧址，度材垒土，勒墙墉，庄像设，先后三载而落成。中丞以余实倡议，属余记之。

余考孤山寺，且名永福寺。唐长庆四年，有僧刻《法华》于石壁。会元微之以守越州，道出杭，而杭守白乐天为作记。有九诸侯率钱助工，其盛如此。成毁有数，金石可磨，越数百年而祠帝君。以释典言之，则旧寺非所谓现天大将军身，而今祠非所谓现帝释身者耶？至人舍其生而生在，杀其身而身存，孔曰成仁，孟曰取义，与《法华》一大事之旨何异也。彼谓忠臣义士犹待坐蒲团、修观行而后了生死者，妄矣。然则石壁峲然，而石经初未泐也。顷者四川歼叛，神为助力，事达宸[4]聪，非同语怪。惟辽西黠卤[5]尚缓天诛，帝君能报曹而有不报神宗者乎？左挟鄂王，右挟少保，驱雷部，掷火铃，昭陵之铁马嘶风，蒋庙之塑兵濡露，谅荡魔皆如蜀道矣。先是金中丞抚闽，藉神之告，屡歼倭夷，上功盟府，故建祠之费，视众差巨，盖有夙意云。

寺中规制精雅，庙貌庄严，兼之碑碣清华，柱联工确，一以文理为之，较之施庙，其雅俗真隔霄壤。

董其昌《孤山关王庙柱铭》：
忠能择主，鼎足分汉室君臣；
德必有邻，把臂呼岳家父子。

宋兆禴《关帝庙柱联》：
从真英雄起家，直参圣贤之位；
以大将军得度，再现帝王之身。

张岱《关帝庙柱对》：
统系让偏安，当代天王归汉室；

春秋明大义，后来夫子属关公。

【注释】

①冢宰：吏部尚书。

②衮冕：古代皇帝的礼服。

③大纛（dào）：军中大旗。九斿（liú）：帝王礼帽上的垂饰。

④宸：原指皇帝的住处，这里用于指代皇帝。

⑤辽西黠（xiá）卤：即后来的清王朝。

六一泉

六一泉在孤山之南，一名竹阁，一名勤公讲堂。宋元祐六年，东坡先生与惠勤上人同哭欧阳公处也。勤上人讲堂初构，掘地得泉，东坡为作泉铭。以两人皆列欧公门下，此泉方出，适哭公讣，名以六一，犹见公也。其徒作石屋覆泉，且刻铭其上。南渡高宗为康王时，常使金，夜行，见四巨人执殳[①]前驱。登位后，问方士，乃言紫薇垣有四大将，曰：天蓬、天猷、翊圣、真武。帝思报之，遂废竹阁，改延祥观，以祀四巨人。至元初，世祖又废观为帝师祠。泉没于二氏[②]之居二百余年。元季兵火，泉眼复见，但石屋已圮，而泉铭亦为邻僧舁去。洪武初，有僧名行升者，锄荒涤垢，图复旧观。仍树石屋，且求泉铭，复于故处。乃欲建祠堂，以奉祀东坡、勤上人，以参寥故事，力有未逮。教授徐一夔为作疏曰："眷兹胜地，实在名邦。勤上人于此幽栖，苏长公因之数至。迹分缁素[③]，同登欧子之门；谊重死生，会哭孤山之下。惟精诚有感通之理，故山岳出迎劳之泉。名聿表于怀贤，忱式昭于荐菊。虽存古迹，必肇新祠。此举非为福田，实欲共成胜事。儒冠僧衲，请恢雅量以相成；山色湖光，行与高峰而共远。愿言乐助，毋诮滥竽。"

苏轼《六一泉铭》：

欧阳文忠公将老，自谓六一居士。予昔通守钱塘，别公于汝阴而南。公曰："西湖僧惠勤甚文而长于诗。吾昔为《山中乐》三章以赠之。子闲于民事，求人于湖山间而不可得，则往从勤乎？"予到官三日，访勤于孤山之下，抵掌而论人物，曰："六一公，天人也。人见其暂寓人间，而不知其乘云驭风、历五岳而跨沧海也。此邦之人，以公不一来为恨。公麾斥八极，何所不至。虽江山之胜，莫适为主，而奇丽秀绝之气，常为能文者用。故吾以为西湖盖公几案间一物耳。"勤语虽怪幻，而理有实然者。明年公薨，予哭于勤舍。又十八年，予为钱塘守，则勤亦化去久矣。访其旧居，则弟子二仲在焉。画公与勤像，事之如生。舍下旧无泉，予未至数月，泉出讲堂之后、孤山之趾，汪然溢流，甚白而甘。即其地凿岩架石为室。二仲谓："师闻公来，出泉以相劳苦，公可无言乎？"乃取勤旧语，推本其意，名之曰"六一泉"。且铭之曰："泉之出也，去公数千里，后公之没十八年，而名之曰'六一'，不几于诞乎？曰：君子之泽，岂独五世而已，盖得其人，则可至于百传。常试与子登孤山而望吴越，歌山中之乐而饮此水，则公之遗风余烈，亦或见于此泉也。"

白居易《竹阁》诗：

晚坐松檐下，宵眠竹阁间。清虚当服药，幽独抵归山。
巧未能胜拙，忙应不及闲。无劳事修炼，只此是玄关。

【注释】

①殳（shū）：古代用木或竹制作的一种兵器，常作为宫廷的仪仗。

②二氏：佛家和道家。

③缁素：指僧徒和俗众。

葛岭

葛岭者，葛仙翁稚川修仙地也。仙翁名洪，号抱朴子，句容人也。从祖葛玄，学道得仙术，传其弟子郑隐。洪从隐学，尽得其秘。上党鲍玄妻以女。咸和初，司徒导招补主簿，干宝荐为大著作，皆同辞。闻交趾[①]出丹砂，独求为勾漏[②]令。行至广州，刺史郑岳留之，乃炼丹于罗浮山中。如是者积年。一日，遗书岳曰：“当远游京师，克期便发。”岳得书，狼狈往别，而洪坐至日中，兀然若睡，卒年八十一。举尸入棺，轻如蝉蜕，世以为尸解仙去。智果寺西南为初阳台，在锦坞上，仙翁修炼于此。台下有投丹井，今在马氏园。宣德间大旱，马氏甃井得石匣一，石瓶四。匣固不可启。瓶中有丸药若芡实者，啖之，绝无气味，乃弃之。施渔翁独啖一枚，后年百有六岁。浚井后，水遂淤恶不可食，以石匣投之，清冽如故。

祁豸佳《葛岭》诗：

抱朴游仙去有年，如何姓氏至今传。
钓台千古高风在，汉鼎虽迁尚姓严。

勾漏灵砂世所稀，携来烹炼作刀圭[③]。
若非渔子年登百，几使还丹变井泥。

平章甲第半湖边，日日笙歌入画船。
循州一去如烟散，葛岭依然还稚川。

葛岭孤山隔一丘，昔年放鹤此山头。
高飞莫出西山缺，岭外无人勿久留。

【注释】

①交趾：州名，管辖范围大致为现在的广东、广西大部分地区，以及越南的北部和中部。

②勾漏：指现在的广西北流县。

③刀圭：泛指药物。

苏公堤

杭州有西湖，颍上亦有西湖，皆为名胜，而东坡连守二郡。其初得颍，颍人云："内翰只消游湖中，便可以了公事。"

秦太虚因作一绝云："十里荷花菡萏初，我公身至有西湖。欲将公事湖中了，见说官闲事亦无。"后东坡到颍，有谢执政启云："入参两禁，每玷北扉之荣；出典二帮，迭为西湖之长。"故其在杭，请浚西湖，聚葑泥，筑长堤，自南之北，横截湖中，遂名苏公堤。夹植桃柳，中为六桥。南渡之后，鼓吹楼船，颇极华丽。后以湖水漱啮，堤渐凌夷。入明，成化以前，里湖尽为民业，六桥水流如线。正德三年，郡守杨孟瑛辟之，西抵北新堤为界，增益苏堤，高二丈，阔五丈三尺，增建里湖六桥，列种万柳，顿复旧观。久之，柳败而稀，堤亦就圮。嘉靖十二年，县令王钪令犯罪轻者种桃柳为赎，红紫灿烂，错杂如锦。后以兵火，砍伐殆尽。万历二年，盐运使朱炳如复植杨柳，又复灿然。迨至崇祯初年，堤上树皆合抱。太守刘梦谦与士夫陈生甫辈时至。二月，作胜会于苏堤。城中括羊角灯、纱灯几万盏，遍挂桃柳树上，下以红毡铺地，冶童名妓，纵饮高歌。夜来万蜡齐烧，光明如昼。湖中遥望堤上万蜡，湖影倍之。萧管笙歌，沉沉昧旦。传之京师，太守镌级①。

因想东坡守杭之日，春时每遇休暇，必约客湖上，早食于山水佳处。饭毕，每客一舟，令队长一人，各领数妓，任其所之。晡后鸣锣集之，复会望湖亭或竹阁，极欢而罢。至一、二鼓，夜市犹未散，列烛以归。城中士女夹道云集而观之。此真旷古风流，熙世乐事，不可复追也已。

张京元《苏堤小记》：

苏堤度六桥，堤两旁尽种桃柳，萧萧摇落。想二三月，柳叶桃花，游人阗塞，不若此时之为清胜。

李流芳《题两峰罢雾图》：

三桥龙王堂，望西湖诸山，颇尽其胜。烟林雾障，映带层叠；淡描浓抹，顷刻百态。非董、巨妙笔，不足以发其气韵。余在小筑时，呼小舟桨至堤上，纵步看山，领略最多。然动笔便不似。甚矣，气韵之难言也。予友程孟旸《湖上题画》诗云："风堤露塔欲分明，阁雨萦阴两未成。我试画君团扇上，船窗含墨信风行。"此景此诗，此人此画，俱属可想。癸丑八月清晖阁题。

苏轼《筑堤》诗：

六桥横截天汉上，北山始与南屏通。
忽惊二十五万丈，老葑席卷苍烟空。
昔日珠楼拥翠钿，女墙犹在草芊芊。
东风第六桥边柳，不见黄鹂见杜鹃。

又诗（惠勤、惠思皆居孤山。苏子倅郡，以腊日访之，作诗云）：

天欲雪时云满湖，楼台明灭山有无。
水清石出鱼可数，林深无人鸟相呼。
腊月不归对妻孥，名寻道人实自娱。
道人之居在何许，宝云山前路盘纡。
孤山孤绝谁肯庐，道人有道山不孤。
纸窗竹屋深自暖，拥褐坐睡依团蒲。
天寒路远愁仆夫，整驾催归及未晡。
出山回望云水合，但见野鹤盘浮屠。
兹游淡泊欢有余，到家恍如梦蘧蘧。
作诗火急追亡逋，清景一失后难摹。

王世贞《泛湖度六桥堤》诗：

拂幰莺啼出谷频，长堤夭矫跨苍旻。
六桥天阔争虹影，五马[②]飙开散曲尘。
碧水乍摇如转盼，青山初沐竞舒颦。

莫轻杨柳无情思，谁是风流白舍人？

李鉴龙《西湖》诗：
花柳曾闻暗六桥，近来游舫甚萧条。
折残画阁堤边失，倒入山光波上摇。
秋水湖心眸一点，夜潭塔影黛双描。
兰亭感慨今移此，痴对雷峰话寂寥。

【注释】

①镌（juān）级：降职。

②五马：指太守。

湖心亭

湖心亭旧为湖心寺，湖中三塔，此其一也。明弘治间，按察司佥事阴子淑秉宪甚厉。寺僧怙镇守中官，杜门不纳官长。阴廉其奸事，毁之，并去其塔。嘉靖三十一年，太守孙孟寻遗迹，建亭其上。露台亩许，周以石栏，湖山胜概，一览无遗。数年寻圮。万历四年，佥事徐廷裸重建。二十八年，司礼监孙东瀛改为清喜阁，金碧辉煌，规模壮丽，游人望之如海市蜃楼。烟云吞吐，恐滕王阁、岳阳楼俱无甚伟观也。春时，山景、睺罗[①]、书画、古董，盈砌盈阶，喧阗扰嚷，声息不辨。夜月登此，阒寂凄凉，如入鲛宫海藏。月光晶沁，水气滃之，人稀地僻，不可久留。

张京元《湖心亭小记》：

湖心亭雄丽空阔。时晚照在山，倒射水面，新月挂东，所不满者半规，金盘玉饼，与夕阳彩翠重轮交网，不觉狂叫欲绝。恨亭中四字匾、隔句对联，填楣盈栋，安得借咸阳一炬，了此业障。

张岱《湖心亭小记》[②]：

崇祯五年十二月，余住西湖。大雪三日，湖中人鸟声俱绝。是日更定矣，余拿一小舟，拥毳衣[③]炉火，独往湖心亭看雪。雾凇沆砀，天与云、与山、与水，上下一白。湖上影子，惟长堤一痕，湖心亭一点，与余舟一芥，舟中人两三粒而已。到亭上，有两人铺毡对坐，一童子烧酒，炉正沸。见余大惊喜，曰："湖中焉得更有此人！"拉余同饮。余强饮三大白而别。问其姓氏，是金陵人，客此。及下船，舟子喃喃曰："莫说相公痴，更有痴似相公者。"

胡来朝《湖心亭柱铭》：
四季笙歌，尚有穷民悲夜月；
六桥花柳，深无隙地种桑麻。

郑烨《湖心亭柱铭》：
亭立湖心，俨西子载扁舟，雅称雨奇晴好。
席开水面，恍东坡游赤壁，偏宜月白风清。

张岱《清喜阁柱对》：
如月当空，偶似微云点河汉。
在人为目，且将秋水剪瞳神。

【注释】

①睺（hóu）罗：即摩睺罗。唐、宋、元时代的习俗，七夕供奉一个土制的玩偶，名为"摩睺罗"。

②张岱《湖心亭小记》：选自《陶庵梦忆》，原名为"湖心亭看雪"。

③毳（cuì）衣：鸟兽毛皮做的衣服。

放生池

宋时有放生碑，在宝石山下。盖天禧四年，王钦若请以西湖为放生池，禁民网捕，郡守王随为之立碑也。今之放生池，在湖心亭之南。外有重堤，朱栏屈曲，桥跨如虹，草树蓊翳，尤更岑寂。古云"三潭印月"，即其地也。春时游舫如鹜，至其地者，百不得一。其中佛舍甚精，复阁重楼，迷禽暗日，威仪肃洁，器钵无声。但恨鱼牢幽闭，涨腻不流，刿鬐缺鳞，头大尾瘠，鱼若能言，其苦万状。以理揆之，孰若纵壑开樊，听其游泳，则物性自遂，深恨俗僧难与解释耳。昔年余到云栖，见鸡鹅豚羖共牢[①]饥饿，日夕挨挤，堕水死者不计其数。余向莲池师再四疏说，亦谓未能免俗，聊复尔尔。后见兔鹿猢狲亦受禁锁，余曰："鸡凫豚羖，皆藉食于人，若兔鹿猢狲，放之山林，皆能自食，何苦锁禁，待以胥縻[②]。"莲师大笑，悉为撤禁，听其所之，见者大快。

陶望龄《放生池》诗：

介卢晓牛鸣，冶长识雀哕。吾愿天耳通，达此音声类。
群鱼泣妻妾，鸡鹜呼弟妹。不独死可哀，生离亦可慨[③]。
闽语既嘤咿，吴听了难会。宁闻闽人肉，忍作吴人脍。
可怜登陆鱼，唅喁[④]向人谇。人曰鱼口喑，鱼言人耳背。
何当破网罗，施之以无畏。

昔有二勇者，操刀相与酤。曰子我肉也，奚更求食乎。
互割还互啖，彼尽我亦屠。食彼同自食，举世嗤其愚。
还语血食人[⑤]，有以异此无？

吴越王钱镠于西湖上税渔，名"使宅鱼"。一日，罗隐入谒，壁有磻溪垂钓图，王命题之。题云："吕望当年展庙谟，直钩钓国又何如。假令身住西湖上，也是应供使宅鱼。"王即罢渔税。

放生池柱对：

天地一网罟，欲度众生谁解脱；
飞潜皆性命，但存此念即菩提。

【注释】

①牢：古代祭祀用的牺牲。

②胥縻：即胥靡，指服劳役的刑徒或者奴隶。

③慨：感慨。

④唅喁（yǎn yóng）：鱼嘴一开一合的样子。

⑤血食人：吃荤的人。

西湖南路

柳洲亭

柳洲亭，宋初为丰乐楼。高宗移汴民居杭地嘉、湖诸郡，时岁丰稔，建此楼以与民同乐，故名。门以左，孙东瀛建问水亭。高柳长堤，楼船画舫会合亭前，雁次相缀。朝则解维，暮则收缆。车马喧阗，驺从嘈杂，一派人声，扰嚷不已。堤之东尽为三义庙。过小桥折而北，则吾大父之寄园、铨部戴斐君之别墅。折而南，则钱麟武阁学、商等轩冢宰、祁世培柱史、余武贞殿撰、陈襄范掌科各家园亭，鳞集于此。过此，则孝廉黄元辰之池上轩、富春周中翰之芙蓉园，比闾皆是。今当兵燹之后，半椽不剩，瓦砾齐肩，蓬蒿满目。李文叔作《洛阳名园记》，谓以名园之兴废，卜洛阳之盛衰；以洛阳之盛衰，卜天下之治乱。诚哉言也！余于甲午年，偶涉于此，故宫离黍[①]，荆棘铜驼[②]，感慨悲伤，几效桑苎翁之游苕溪，夜必恸哭而返。

张杰《柳洲亭》诗：

谁为鸿蒙凿此陂，涌金门外即瑶池。
平沙水月三千顷，画舫笙歌十二时。
今古有诗难绝唱，乾坤无地可争奇。
溶溶漾漾年年绿，销尽黄金总不知。

王思任《问水亭》诗：

我来一清步，犹未拾寒烟。灯外兼星外，沙边更槛边。
孤山供好月，高雁语空天。辛苦西湖水，人还即熟眠。

赵汝愚《丰乐楼柳梢青》词：

水月光中，烟霞影里，涌出楼台。空外笙箫，云间笑语，人在蓬莱。

天香暗逐风回，正十里荷花盛开。买个小舟，山南游遍，山北归来。

【注释】

①离黍：典出《诗经》，用来指对亡国的慨叹。

②荆棘铜驼：指代山河残破之意。

灵芝寺

灵芝寺，钱武肃王之故苑也。地产灵芝，舍以为寺。至宋而规制寖[①]宏，高、孝两朝四临幸焉。内有浮碧轩、依光堂，为新进士题名之所。元末毁，明永乐初僧竺源再造，万历二十二年重修。余幼时至其中看牡丹，干高丈余，而花蕊烂熳，开至数千余朵，湖中夸为盛事。寺畔有显应观，高宗以祀崔府君也。崔名子玉，唐贞观间为磁州鋆阳令，有异政，民生祠之，既卒，为神。高宗为康王时，避金兵，走钜鹿，马毙，冒雨独行，路值三歧，莫知所往。忽有白马在道，鞚驭乘之，驰至崔祠，马忽不见。但见祠马赭汗如雨，遂避宿祠中。梦神以杖击地，促其行。趋出门，马复在户，乘至斜桥，会耿仲南来迎，策马过涧，见水即化。视之，乃崔府君祠中泥马也。及即位，立祠报德，累朝崇奉异常。六月六日是其生辰，游人阗塞。

张岱《灵芝寺》诗：

项羽曾悲骓不逝，活马犹然如泥塑。
焉有泥马去如飞，等闲直至黄河渡。
一堆龙骨蜕厓前，迢递芒砀迷云路。
茕茕一介走亡人，身陷柏人[②]脱然过。
建炎尚是小朝廷，百灵亦复加呵护。

【注释】

①寖（jìn）：渐渐。

②柏人：典出《史记》，用来表示皇帝行止戒备。

钱王祠

钱镠，临安石鉴乡人，骁勇有谋略。壮而微，贩盐自活。唐僖宗时，平浙寇王仙芝，拒黄巢，灭董昌，积功自显。梁开平元年，封镠为吴越王。有讽镠拒梁命者，镠笑曰："吾岂失一孙仲谋耶！"遂受之。改其乡为临安县，军为锦衣军。是年，省茔垄，延故老，旌钺鼓吹，振耀山谷。自昔游钓之所，尽蒙以锦绣，或树石至有封官爵者，旧贸盐担，亦裁锦韬之。一邻媪九十余，携壶泉迎于道左，镠下车亟拜。媪抚其背，以小字呼之曰："钱婆留，喜汝长成。"盖初生时，光怪满室，父惧，将沉于了溪，此媪苦留之，遂字焉。为牛酒大陈以饮乡人，别张蜀锦为广幄以饮乡妇。年上八十者饮金爵，百岁者饮玉爵。镠起劝酒，自唱还乡歌以娱宾，曰："三节还乡兮挂锦衣，父老远近来相随。斗牛光起天无欺，吴越一王驷马归。"时将筑宫殿，望气者言："因故府大之，不过百年；填西湖之半，可得千年。"武肃笑曰："焉有千年而其中不出真主者乎？奈何困吾民为！"遂弗改造。宋熙宁间，苏子瞻守郡，请以龙山废祠妙音院者，改为表忠观以祀之，今废。明嘉靖三十九年，督抚胡宗宪建祠于灵芝寺址，塑三世五王[①]像，春秋致祭，令其十九世孙德洪者守之。郡守陈柯重镌《表忠观碑记》于祠。

苏轼《表忠观碑记》：

熙宁十年十月戊子，资政殿大学士、右谏议大夫、知杭州军事臣抃言："故越国王钱氏坟庙，及其父、祖、妃、夫人、子孙之坟，在钱塘者二十有六，在临安者十有一，皆芜秽不治，父老过之，有流涕者。谨按：故武肃王镠，始以乡兵破走黄巢，名闻江淮。复以八都兵讨刘汉宏，并越州以奉董昌，而自居于杭。及昌以越叛，则诛昌而并越，尽有浙东西之地，传其子文穆王元瓘。至其孙忠献王仁佐，遂破李景兵而取福州。而仁佐之弟忠懿王俶又大出兵攻景，以迎周世宗之师，其后，卒以国入觐。三世四王，与五代相为终始。天下大乱，豪杰蜂起，方是时，以数州之地盗名字者[2]不可胜数，既覆其族，延及于无辜之民，罔有孑遗。而吴越地方千里，带甲十万，铸山煮海[3]，象犀珠玉之富，甲于天下，然终不失臣节，贡献相望于道。是以其民至于老死不识兵革，四时嬉游，歌舞之声相闻，至于今不废。其有德于斯民甚厚。皇帝受命，四方僭乱，以次削平。西蜀江南，负其险远，兵至城下，力屈势穷，然后束手。而河东刘氏百战守死，以抗王师，积骸为城，洒血为池，竭天下之力，仅乃克之。独吴越不待告命，封府库，籍郡县，请吏于朝，视去国如传舍，其有功于朝廷甚大。昔窦融以河西归汉，光武诏右扶风修其父祖坟茔，祀以太牢。今钱氏功德殆过于融，而未及百年，坟庙不治，行道伤嗟，甚非所以劝奖忠臣、慰答民心之义也。臣愿以龙山废佛寺曰妙音院者为观，使钱氏之孙为道士曰自然者居之。凡坟庙之在钱塘者，以付自然；其在临安者，以付其县之净土寺僧曰道微。岁各度其徒一人，使世掌之。籍其地之所入，以时修其祠宇，封植其草木。有不治者，县令亟察之，甚者，易其人，庶几永终不堕，以称朝廷待钱氏之意。臣抃昧死以闻。”制曰：可。其妙音院赐改名表忠观。

铭曰：天目之山，苕水出焉。龙飞凤舞，萃于临安。笃生异人，绝类离群。奋挺大呼，从者如云。仰天誓江，月星晦蒙。强弩射潮，江海为东。杀宏诛昌，奄在吴越。金券玉册，虎符龙节。大城其居，包络山川。左江右湖，控引岛蛮。岁时归休，以燕父老。晔如神人，玉带球马。四十一年，寅畏[4]小心。厥篚相望，大贝南金。五胡昏乱，罔堪托国。三王相承，以符有德。既获所归，弗谋弗咨。先王之志，我维行之。天祚忠孝，世有爵邑。允文允武，子孙千亿。帝谓守臣，治其祠坟。毋俾樵牧，愧其后昆。龙山之阳，岿焉斯宫。匪私于钱，惟以劝忠。非忠无君，非孝无亲。凡百有位，视此刻文。

张岱《钱王祠》诗：

扼定东南十四州，五王并不事兜鍪。
英雄球马朝天子，带砺山河[5]拥冕旒。
大树千株被锦绂，钱塘万弩射潮头。
五胡纷扰中华地，歌舞西湖近百秋。

又《钱王祠柱铭》：

力能分土，提乡兵杀宏诛昌，一十四州，鸡犬桑麻，撑住东南半壁；

志在顺天，求真主迎周归宋，九十八年，象犀筐篚，混同吴越一家。

【注释】

①三世五王：吴越传国三代，共五个王。

②盗名字者：这里指的是僭越称帝者。

③铸山煮海：比喻善于开发自然资源。

④寅畏：敬畏。

⑤带砺山河：指皇帝与臣下的誓约。

净慈寺

净慈寺，周显德元年钱王俶建，号慧日永明院，迎衢州道潜禅师居之。潜尝欲向王求金铸十八阿罗汉，未白也。王忽夜梦十八巨人随行。翌日，道潜以请，王异而许之，始作罗汉堂。宋建隆初，禅师延寿以佛祖大意，经纶正宗，撰《宗镜录》一百卷，遂作宗镜堂。熙宁中，郡守陈襄延僧宗本居之。岁旱，湖水尽涸。寺西隅甘泉出，有金色鳗鱼游焉，因凿井，寺僧千余人饮之不竭，名曰圆照井。南渡时，毁而复建，僧道容鸠工[①]五岁始成。塑五百阿罗汉，以田字殿贮之。绍兴九年，改赐“净慈报恩光化寺”额。复毁。孝宗时，一僧募缘修殿，日餍酒肉而返，寺僧问其所募钱几何，曰：“尽饱腹中矣。”募化三年，簿上布施金钱，一一开载明白。一日，大喊街头曰：“吾造殿矣。”复置酒肴，大醉市中，揠喉大呕，撒地皆成黄金，众缘自是毕集，而寺遂落成。僧名济颠。识者曰：“是即永明后身也。”嘉泰间复毁，再建于嘉定三年。寺故闳大，甲于湖山。翰林程珌记之，有“湿红映地，飞翠侵霄。檐转鸾翎，阶排雁齿。星垂珠网，宝殿洞乎琉璃；日耀璇题，金椽耸乎玳瑁”之语。时宰官建议，以京辅佛寺推次甲乙，尊表五山，为诸刹纲领，而净慈与焉。先是，寺僧艰汲，担水湖滨。绍定四年，僧法薰以锡杖扣殿前地，出泉二派，锹为双井，水得无缺。淳祐十年，建千佛阁，理宗书“华严法界正偏知阁"八字赐之。元季，湖寺尽毁，而兹寺独存。明洪武间毁，僧法净重建。正统间复毁，僧宗妙复建。万历二十年，司礼监孙隆重修，铸铁鼎，葺钟楼，构井亭，架棹楔[②]。永乐间，建文帝隐遁于此，寺中有其遗像，状貌魁伟，迥异常人。

袁宏道《莲花洞小记》：

莲花洞之前为居然亭。亭轩豁可望，每一登览，则湖光献碧，须眉形影，如落镜中。六桥杨柳，一路牵风引浪，萧疏可爱。晴雨烟月，风景互异，净慈之绝胜处也。洞石玲珑若生，巧逾雕镂。余常谓吴山南屏一派皆石骨土肤，中空四达，愈搜愈出。近若宋氏园亭，皆搜得者。又紫阳宫石，为孙内使搜出者甚多。噫，安得五丁[③]神将，挽钱塘江水，将尘泥洗尽，出其奇奥，当何如哉！

王思任《净慈寺》诗：

净寺何年出，西湖长翠微。佛雄香较细，云饱绿交肥。

岩竹支僧阁，泉花蹴客衣。酒家莲叶上，鸥鹭往来飞。

【注释】

①鸠工：召集工匠。

②棹楔：大门旁边表宅树坊的木头柱子。

③五丁：传说中的五个力士。

小蓬莱

小蓬莱在雷峰塔右，宋内侍甘升[①]园也。奇峰如云，古木蓊蔚，理宗常临幸。有御爱松，盖数百年物也。自古称为小蓬莱。石上有宋刻"青云岩""鳌峰"等字。今为黄贞父先生读书之地，改名"寓林"，题其石为"奔云"。余谓"奔云"得其情，未得其理。石如滇茶一朵，风雨落之，半入泥土，花瓣棱棱，三四层折。人走其中，如蝶入花心，无须不缀。色黝黑如英石，而苔藓之古，如商彝周鼎入土千年，青绿彻骨也。贞父先生为文章宗匠，门人数百人。一时知名士，无不出其门下者。余幼时从大父访先生。先生面黧黑，多髭须，毛颊，河目海口，眉棱鼻梁，张口多笑。交际酬酢，八面应之。耳聆客言，目睹来牍，手答回札，口嘱傒奴，杂沓于前，未尝少错。客至，无贵贱，便肉、便饭食之，夜即与同榻。余一书记往，颇秽恶，先生寝食之无异也。天启丙寅，余至寓林，亭榭倾圮，堂中窀先生遗蜕，不胜人琴之感。今当丁酉，再至其地，墙围俱倒，竟成瓦砾之场。余欲筑室于此，以为东坡先生专祠，往鬻其地，而主人不肯。但林木俱无，苔藓尽剥。"奔云"一石，亦残缺失次，十去其五。数年之后，必鞠②为茂草、荡为冷烟矣。菊水、桃源，付之一想。

张岱《小蓬莱奔云石》诗：

滇茶初着花，忽为风雨落。簇簇起波棱，层层界轮廓。
如蝶缀花心，步步堪咀嚼。薜萝杂松楸，阴翳罩轻幕。
色同黑漆古，苔斑解竹箨。土绣鼎彝文，翡翠兼丹雘。
雕琢真鬼工，仍然归浑朴。须得十年许，解衣恣盘礴。
况遇主人贤，胸中有丘壑。此石是寒山，吾语尔能诺。

【注释】

①甘升：应为甘昪（biàn），初为宋孝宗宠幸，后因招权纳贿，罪发而死。

②鞠：穷尽。

雷峰塔

雷峰者，南屏山之支麓也。穹窿回映，旧名中峰，亦名回峰。宋有雷就者居之，故名雷峰。吴越王于此建塔，始以十三级为准，拟高千尺。后财力不敷，止建七级。古称王妃塔。元末失火，仅存塔心。雷峰夕照，遂为西湖十景之一。曾见李长蘅题画有云：

吾友闻子将尝言："湖上两浮屠，保俶如美人，雷峰如老衲。"予极赏之。辛亥在小筑，与沈方回池上看荷花，辄作一诗，中有句云"雷峰倚天如醉翁"。严印持见之，跃然曰："子将'老衲'不如子'醉翁'，尤得其情态也。"盖余在湖上山楼，朝夕与雷峰相对，而暮山紫气，此翁颓然其间，尤为醉心。然予诗落句云："此翁情淡如烟水。”则未尝不以子将“老衲”之言为宗耳。癸丑十月醉后题。

林逋《雷峰》诗：

中峰一径分，盘折上幽云。夕照前林见，秋涛隔岸闻。

长松标古翠，疏竹动微薰。自爱苏门啸，怀贤事不群。

张岱《雷峰塔》诗：

闻子状雷峰，老僧挂偏裻[1]。日日看西湖，一生看不足。

时有薰风至，西湖是酒床。醉翁潦倒立，一口吸西江。

惨淡一雷峰，如何擅夕照。遍体是烟霞，掀髯复长啸。

怪石集南屏，寓林为其窟。岂是米襄阳，端严具袍笏。

【注释】

①偏裻（dú）：偏衣，衣服两半颜色不同。裻是衣背缝的意思。

烟霞石屋

由太子湾南折而上为石屋岭。过岭为大仁禅寺，寺左为烟霞石屋。屋高厂虚明，行迤[1]二丈六尺，状如轩榭，可布几筵。洞上周镌罗汉五百十六身。其底邃窄通幽，阴翳杳霭。侧有蝙蝠洞，蝙蝠大者如鸦，挂搭连牵，互衔其尾。粪作奇臭，古庙高梁，多受其累。会稽禹庙亦然。由山椒右旋为新庵，王予安亹[2]、陈章侯洪绶尝读书其中。余往访之，见石如飞来峰，初经洗出，洁不去肤，隽不伤骨，一洗杨髡凿佛之惨。峭壁奇峰，忽露生面，为之大快。建炎间，里人避兵其内，数千人皆获免。岭下有水乐洞，嘉泰间为杨郡王别圃。垒石筑亭，结构精雅。年久芜秽不治，水乐绝响。贾秋壑以厚直得之，命寺僧深求水乐所以兴废者，不得其说。一日，秋壑往游，俯睨旁听，悠然有会，曰：“谷虚而后能应，水激而后能响，今水潴其中，土壅其外，欲其发响，得乎？”亟命疏壅导潴，有声从洞涧出，节奏自然。二百年胜概，一日始复。乃筑亭，以所得东坡真迹，刻置其上。

苏轼《水乐洞小记》：

钱塘东南有水乐洞，泉流岩中，皆自然宫商。又自灵隐、下天竺而上，至上天竺，溪行两山间，巨石磊磊如牛羊，其声空砻然，真若钟鼓，乃知庄生所谓天籁，盖无在不有也。

袁宏道《烟霞洞小记》：

烟霞洞，亦古亦幽，凉沁入骨，乳汁涔涔下。石屋虚明开朗，如一片云，欹侧而立，又如轩榭，可布几筵。余凡两过石屋，为佣奴所据，嘈杂若市，俱不得意而归。

张京元《石屋小记》：

石屋寺，寺卑下无可观。岩下石龛，方广十笏，遂以屋称。屋内，好事者置一石榻，可坐。四旁刻石像如傀儡，殊不雅驯。想以幽僻得名耳。出石屋西，上下山坡夹道皆丛桂，秋时着花，香闻数十里，堪称金粟世界。

又《烟霞寺小记》：

烟霞寺在山上，亦荒落，系中贵孙隆易创，颇新整。殿后开宕取土，石骨尽出，巉峭可观。由殿右稍上两三盘，经象鼻峰东折数十武，为烟霞洞。洞外小亭踞之，望钱塘如带。

李流芳《题烟霞春洞画》：

从烟霞寺山门下眺，林壑窈窕，非复人境。李花时尤奇，真琼林瑶岛也。犹记与闲孟、无际，自法相寺至烟霞洞，小憩亭子，渴甚，无从得酒。见两伧父携榼至，闲孟口流涎，遽从乞饮，伧父不顾。予辈大怪。偶见梁间恶诗书一板上，乃抉而掷之。伧父跄踉而走。念此辄喷饭不已也。

【注释】

①行迤：应为“衍迤”，指延续。

②王予安亹（wěi）：王亹，字子安，会稽人。

高丽寺

高丽寺本名慧因寺，后唐天成二年吴越钱武肃王建也。宋元丰八年，高丽国王子僧统义天入贡，因请净源法师学贤首教[①]。元祐二年，以金书汉译《华严经》三百部入寺，施金建华严大阁藏塔以尊崇之。元祐四年，统义天以祭奠净源为名，兼进金塔二座。杭州刺史苏轼疏言："外夷不可使屡入中国，以疏边防，金塔宜却弗受。"神宗从之。元延祐四年，高丽沈王奉诏进香幡经于此。至正末毁。洪武初重葺。俗称高丽寺。础石精工，藏轮[②]宏丽，两山所无。万历间，僧如通重修。余少时从先宜人[③]至寺烧香，出钱三百，命舆人推转轮藏，轮转呀呀，如鼓吹初作。后旋转熟滑，藏轮如飞，推者莫及。

【注释】

①贤首教：指华严宗，至贤首而此宗大成，故名。

②藏轮：即轮藏，放置佛经的书架，可旋转。

③先宜人：这里指张岱辞世的母亲。

于坟

于坟。于少保公以再造功，受冤身死，被刑之日，阴霾翳天，行路踊叹。夫人流山海关，梦公曰："吾形殊而魂不乱，独目无光明，借汝眼光见形于皇帝。"翌日，夫人丧其明。会奉天门灾，英庙临视，公形见火光中。上悯然念其忠，乃诏贷夫人归。又梦公还眼光，目复明也。公遗骸，都督陈逵密嘱瘗藏。继子冕请葬钱塘祖茔，得旨奉葬于此。成化二年，廷议始白。上遣行人马暶谕祭。其词略曰："当国家之多难，保社稷以无虞；惟公道以自持，为权奸之所害。先帝已知其枉，而朕心实怜其忠。"弘治七年赐谥曰"肃愍"，建祠曰"旌功"。万历十八年，改谥"忠肃"。四十二年，御使杨鹤为公增廓祠宇，庙貌巍焕，属云间陈继儒作碑记之。

碑曰：

大抵忠臣为国，不惜死，亦不惜名。不惜死，然后有豪杰之敢；不惜名，然后有圣贤之闷。黄河之排山倒海，是其敢也；既能伏流地中万三千里，又能千里一曲，是其闷也。昔者土木之变，裕陵北狩[①]，公痛哭抗疏，止南迁之议，召勤王之师。卤[②]拥帝至大同，至宣府，至京城下，皆登城谢曰："赖天地宗社之灵，国有君矣。"此一见《左传》：楚人伏兵车，执宋公以伐宋。公子目夷令宋人应之曰："赖社稷之灵，国已有君矣。"楚人知虽执宋公，犹不得宋国，于是释宋公。又一见《廉颇传》：秦王逼赵王会渑池。廉颇送至境曰："王行，度道里会遇礼毕还，不过三十日，不还，则请立太子为王，以绝秦望。"又再见《王旦传》：契丹犯边，帝幸澶州。旦曰："十日之内，未有捷报，当何如？"帝默然良久，曰："立皇太子。"三者，公读书得力处也。由前言之，公为宋之目夷；由后言之，公不为廉颇、旦，何也？呜呼！茂陵之立而复废，废而后当立，谁不知之？公之识，岂出王直、李侃、朱英下？又岂出钟同、章纶下？盖公相时度势，有不当言者，有不必言者；当裕陵在卤，茂陵在储，拒父则卫辄，迎父则高宗，战不可，和不可，无一而可，为制卤地，此不当言也；裕陵既返，见济薨，郕王病，天人攸归，非裕陵而谁？又非茂陵而谁？明率百官，朝请复辟，直以遵晦待时耳，此不必言也。若徐有贞、曹、石夺门之举，乃变局，非正局；乃劫局，非迟局；乃纵横家局，非社稷大臣局也。或曰：盍去诸？呜呼！公何可去也。公在则裕陵安，而茂陵亦安。若公诤之，而公去之，则南宫之锢，不将烛影斧声乎？东宫之废后，不将宋之德昭乎？公虽欲调郕王之兄弟，而实密护吾君之父子，乃知回銮，公功；其他日得以复辟，公功也；复储亦公功也。人能见所见，而不能见所不见。能见者，豪杰之敢；不能见者，圣贤之闷。敢于任死，而闷于暴君，公真古大臣之用心也哉！

公祠既盛，而四方之祈梦至者接踵，而答如响。

王思任《吊于忠肃祠》诗：

涕割西湖水，于坟望岳坟。孤烟埋碧血[③]，太白[④]黯妖氛。

社稷留还我，头颅掷与君。南城得意骨，何处暮杨闻。

一派笙歌地，千秋寒食朝。白云心浩浩，黄叶泪萧萧。
天柱擎鸿社，人生付鹿蕉。北邙今古讳，几突丽山椒。

张溥《吊于忠肃》诗：
栝柏风严辞月明，至今两袖识书生。
青山魂魄分夷夏，白日须眉见太平。
一死钱塘潮尚怒，孤坟岳渚水同清。
莫言软美人如土，夜夜天河望帝京。

张岱《于少保祠》诗：
平生有力济危川，百二山河[5]去复旋。
宗泽死心援北狩，李纲痛哭止南迁。
渑池立子还无日，社稷呼君别有天。
复辟南宫岂是夺，借公一死取貂蝉[6]。

社稷存亡股掌中，反因罪案见精忠。
以君孤注忧王旦，分我杯羹归太公。
但使庐陵存外邸，自知冕服返桐宫。
属镂赐死非君意，曾道于谦实有功。

杨鹤《于坟华表柱铭》：
赤手挽银河，君自大名垂宇宙；
青山埋白骨，我来何处哭英雄。

又《正祠柱铭》：
千古痛钱塘，并楚国孤臣，白马江边，怒卷千堆夜雪；
两朝冤少保，同岳家父子，夕阳亭里，伤心两地风波。

董其昌《于少保祠柱铭》：
赖社稷之灵，国已有君，自分一腔抛热血；
竭股肱之力，继之以死，独留青白在人间。

张岱《于少保柱铭》：

宋室无谋，岁输卤数万币，和议既成，安得两宫归朔漠；

汉家斗智，幸分我一杯羹，挟求非计，不劳三寸返新丰。

张岱《定香桥小记》⑦：

甲戌十月，携楚生住不系园看红叶。至定香桥，客不期而至者八人：南京曾波臣，东阳赵纯卿，金坛彭天锡，诸暨陈章侯，杭州杨与民、陆九、罗三，女伶陈素芝。余留饮。章侯携缣素为纯卿画古佛，波臣为纯卿写照，杨与民弹三弦子，罗三唱曲，陆九吹箫。与民复出寸许紫檀界尺，据小梧，用北调说《金瓶梅》一剧，使人绝倒。是夜，彭天锡与罗三、与民串本腔⑧戏，妙绝；与楚生、素芝串调腔戏，又复妙绝。章侯唱村落小歌，余取琴和之，牙牙如语。纯卿笑曰："恨弟无一长，以侑兄辈酒。"余曰："唐裴将军旻居丧，请吴道子画天宫壁度亡母。道子曰：'将军为我舞剑一回，庶因猛厉以通幽冥。'旻脱缞衣，缠结，上马驰骤，挥剑入云，高十数丈，若电光下射，执鞘承之，剑透室而入，观者惊栗。道子奋袂如风，画壁立就。章侯为纯卿画佛，而纯卿舞剑，政今日事也。"纯卿跳身起，取其竹节鞭，重三十斤，作胡旋舞⑨数缠，大噱而罢。

【注释】

①北狩：这里指明英宗被俘北去。

②卤：通"虏"。

③碧血：忠臣流的血。

④太白：这里指兵戎。

⑤百二山河：比喻山河险固之地。

⑥貂蝉：古代贵近之臣帽子上的装饰品。

⑦张岱《定香桥小记》：出自《陶庵梦忆》，原名为"不系园"。

⑧本腔：昆腔。

⑨胡旋舞：古时候西北少数民族的一种舞蹈。

风篁岭

风篁岭，多苍筤筿簜①，风韵凄清。至此，林壑深沉，迥出尘表。流淙活活[②]，自龙井而下，四时不绝。岭故丛薄荒密，元丰中，僧辨才淬治洁楚，名曰“风篁岭”。苏子瞻访辨才于龙井，送至岭上，左右惊曰：“远公过虎溪矣。”辨才笑曰：“杜子有云：‘与子成二老，来往亦风流。’”遂造亭岭上，名曰“过溪”，亦曰“二老”。子瞻记之，诗云：“日月转双毂，古今同一丘。惟此鹤骨老，凛然不知秋。去住两无碍，人土争挽留。去如龙出水，雷雨卷潭秋。来如珠还浦，鱼鳖争骈头。此生暂寄寓，常恐名实浮。我比陶令愧，师为远公优。送我过虎溪，溪水当逆流。聊使此山人，永记二老游。”

李流芳《风篁岭》诗：

林壑深沉处，全凭篆荡迷。片云藏屋里，二老到云栖。

学士留龙井，远公过虎溪。烹来石岩白[③]，翠色映玻璃。

【注释】

①苍筤（láng）篆荡（dàng）：竹子。

②活活：形容水流的声音或样子。

③烹来石岩白：比喻僧人的道行。

一片云

神运石在龙井寺中，高六尺许，奇怪突兀，特立檐下。有木香一架，穿绕窍窦，蟠若龙蛇。正统十三年，中贵李德驻龙井。天旱，令力士淘之。初得铁牌二十四、玉佛一座、金银一锭，凿大宋元丰年号。后得此石，以八十人舁起之。上有“神运”二字，旁多款识，漶漫不可读，不知何代所镌，大约皆投龙以祈雨者也。风篁岭上有“一片云”石，高可丈许，青润玲珑，巧若镂刻。松磴盘屈，草莽间有石洞，堆砌工致巉岩。石后有片云亭，司礼孙公所构，设石棋枰于前，上镌“兴来临水敲残月，谈罢吟风倚片云”之句。游人倚徙，不忍遽去。

秦观《龙井题名记》：

元丰二年，中秋后一日，余自吴兴来杭，东还会稽。龙井有辨才大师，以书邀余入山。比出郭，日已夕，航湖至普宁，遇道人参寥，问龙井所遣篮舆，则曰："以不时至，去矣。"是夕，天宇开霁，林间月明，可数毫发。遂弃舟，从参寥策杖并湖而行。出雷峰，度南屏，濯足于惠因涧，入灵石坞，得支径上风篁岭，憩于龙井亭，酌泉据石而饮之。自普宁凡经佛寺十五，皆寂不闻人声。道旁庐舍，灯火隐显，草木深郁，流水激激悲鸣，殆非人间之境。行二鼓，始至寿圣院，谒辨才于朝音堂，明日乃还。

张京元《龙井小记》：

过风篁岭，是为龙井，即苏端明、米海岳与辨才往来处也。寺北向，门内外修竹琅琅。井在殿左，泉出石罅，甃小园池，下复为方池承之。池中各有巨鱼，而水无腥气。池淙淙下泻，绕寺门而出。小坐与惜亭玩一片云石。山僧汲水供茗，泉味色俱清。僧容亦枯寂，视诸山迥异。

王稚登《龙井诗》：

深谷盘回入，灵泉觱沸[①]流。隔林先作雨，到寺不胜秋。
古殿龙王在，空林鹿女游。一尊斜日下，独为古人留。

袁宏道《龙井》诗：

都说今龙井，幽奇逾昔时。路迂迷旧处，树古失名儿。
渴仰鸡苏佛[②]，乱参玉版师。破筒分谷水，芟草出秦碑。
数盘行井上，百计引泉飞。画壁屯云族，红栏蚀水衣。
路香茶叶长，畦小药苗肥。宏也学苏子，辨才君是非。

张岱《龙井柱铭》：

夜壑泉归，渥洼能致千岩雨；
晓堂龙出，崖石皆为一片云。

【注释】

①觱（bì）沸：形容泉水往外涌的样子。

②鸡苏佛：这里指的是茶。

西湖外景

西溪

粟山高六十二丈，周回十八里二百步。山下有石人岭，峭拔凝立，形如人状，双髻耸然。过岭为西溪，居民数百家，聚为村市。相传宋南渡时，高宗初至武林，以其地丰厚，欲都之。后得凤凰山，乃云："西溪且留下。"后人遂以名。地甚幽僻，多古梅，梅格短小，屈曲槎桠，大似黄山松。好事者至其地，买得极小者，列之盆池，以作小景。其地有秋雪庵，一片芦花，明月映之，白如积雪，大是奇景。余谓西湖真江南锦绣之地，入其中者，目厌绮丽，耳厌笙歌，欲寻深溪盘谷，可以避世如桃源、菊水者，当以西溪为最。余友江道闇有精舍在西溪，招余同隐。余以鹿鹿[①]风尘，未能赴之，至今犹有遗恨。

王稚登《西溪寄彭钦之书》：

留武林十日许，未尝一至湖上，然遂穷西溪之胜。舟车程并十八里，皆行山云竹霭中，衣袂尽绿。桂树大者，两人围之不尽。树下花覆地如黄金，山中人缚帚扫花售市上，每担仅当脱粟之半耳。往岁行山阴道上，大叹其佳，此行似胜。

李流芳《题西溪画》：

壬子正月晦日，同仲锡、子与自云栖翻白沙岭至西溪。夹路修篁，行两山间，凡十里，至永兴寺。永兴山下夷旷，平畴远村，幽泉老树，点缀各各成致。自永兴至岳庙又十里，梅花绵亘村落，弥望如雪，一似余家西碛山中。是日，饭永兴，登楼啸咏。夜还湖上小筑，同孟旸、印持、子将痛饮。翼日出册子画此。癸丑十月乌镇舟中题。

杨蟠《西溪》诗：

为爱西溪好，长忧溪水穷。山源春更落，散入野田中。

王思任《西溪》诗：

一岭透天目，千溪叫雨头。石云开绣壁，山骨洗寒流。
鸟道苔衣滑，人家竹语幽。此行不作路，半武百年游。

张岱《秋雪庵》诗：

古宕西溪天下闻，辋川诗[2]是记游文。
庵前老荻飞秋雪，林外奇峰耸夏云。
怪石棱层皆露骨，古梅结屈止留筋。
溪山步步堪盘礴，植杖听泉到夕曛。

【注释】

①鹿鹿：车轮转动的声音，这里引申为奔走在路上。

②辋川诗：指代王维的山水诗。

虎跑泉

虎跑寺本名定慧寺，唐元和十四年性空师所建，宪宗赐号曰广福院。大中八年改大慈寺，僖宗乾符三年加“定慧”二字，宋末毁。元大德七年重建，又毁。明正德十四年，宝掌禅师重建，嘉靖十九年又毁。二十四年，山西僧永果再造。今人皆以泉名其寺云。先是，性空师为蒲坂卢氏子，得法于百丈海[1]，来游此山，乐其灵气郁盘，栖禅其中。苦于无水，意欲他徙。梦神人语曰：“师毋患水，南岳有童子泉，当遣二虎驱来。”翼日，果见二虎跑地出泉，清香甘洌。大师遂留。明洪武十一年，学士宋濂朝京，道山下。主僧邀濂观泉，寺僧披衣同举梵咒，泉觱沸而出，空中雪舞。濂心异之，为作铭以记。城中好事者取以烹茶，日去千担。寺中有调水符[2]，取以为验。

苏轼《虎跑泉》诗：

亭亭石榻东峰上，此老初来百神仰。
虎移泉眼趋行脚，龙作浪花供抚掌。
至今游人灌濯罢，卧听空阶环玦响。
故知此老如此泉，莫作人间去来想。

袁宏道《虎跑泉》诗：

竹林松涧净无尘，僧老当知寺亦贫。
饥乌共分香积米，枯枝常足道人薪。
碑头字识开山偈，炉里灰寒护法神。
汲取清泉三四盏，芽茶烹得与尝新。

【注释】

①百丈海：即怀海，于洪州百丈山开法，又称“百丈怀海”。

②调水符：苏轼曾将竹管一劈为二，作为调水的符号，因之戏称此竹片为“调水符”。

凤凰山

唐宋以来，州治皆在凤凰山麓。南渡驻辇，遂为行宫。东坡云“龙飞凤舞入钱塘”，兹盖其右翅也。自吴越以逮南宋，俱于此建都，佳气扶舆[①]，萃于一脉。元时惑于杨髡之说，即故宫建立五寺，筑镇南塔以压之，而兹山到今落寞。今之州治，即宋之开元故宫，乃凤凰之左翅也。明朝因之，而官司藩臬皆列左方，为东南雄会。岂非王气移易，发泄有时也。故山川坛、八卦田、御教场、万松书院、天真书院，皆在凤凰山之左右焉。

苏轼《题万松岭惠明院壁》：

余去此十七年，复与彭城张圣途、丹阳陈辅之同来。院僧梵英，葺治堂宇，比旧加严洁。茗饮芳烈，问：“此新茶耶？”英曰：“茶性，新旧交则香味复。”余尝见知琴者，言琴不百年，则桐之生意不尽，缓急清浊，常与雨旸寒暑相应。此理与茶相近，故并记之。

徐渭《八仙台》诗：

南山佳处有仙台，台畔风光绝素埃。
嬴女只教迎风入，桃花莫去引人来。
能令大药飞鸡犬，欲傍中央剪草莱。
旧伴自应寻不见，湖中无此最深隈。

袁宏道《天真书院》诗：

百尺颓墙在，三千旧事闻。野花粘壁粉，山鸟煽炉温。
江亦学之字，田犹画卦文。儿孙空满眼，谁与荐荒芹。

【注释】

①扶舆：扶摇直上。

宋大内

《宋元拾遗记》：高宗好耽山水，于大内中更造别院，曰小西湖。自逊位后，退居是地，奇花异卉，金碧辉煌，妇寺[①]宫娥充斥其内，享年八十有一。按钱武肃王年亦八十一，而高宗与之同寿，或曰高宗即武肃后身也。《南渡史》又云：徽宗在汴时，梦钱王索还其地，是日即生高宗，后果南渡，钱王所辖之地，尽属版图。畴昔之梦，盖不爽矣。元兴，杨琏真伽坏大内以建五寺，曰报国、曰兴元、曰般若、曰仙林、曰尊胜，皆元时所建。按志，报国寺即垂拱殿，兴元即芙蓉殿，般若即和宁门，仙林即延和殿，尊胜即福宁殿。雕梁画栋，尚有存者。白塔计高二百丈，内藏佛经数十万卷，佛像数千，整饰华靡。取宋南渡诸宗骨殖，杂以牛马之骼，压于塔下，名以镇南。未几，为雷所击，张士诚寻毁之。

谢皋羽《吊宋内》诗：
复道垂杨草乱交，武林无树是前朝。
野猿[2]引子移来宿，搅尽花间翡翠巢。

隔江风雨动诸陵，无主园林草自春。
闻说光尧皆堕泪，女官犹是旧宫人。

紫宫楼阁逼流霞，今日凄凉佛子家。
寒照下山花雾散，万年枝上挂袈裟。

禾黍何人为守阍，落花台殿暗销魂。
朝元阁下归来燕，不见当时鹦鹉言。

黄晋卿《吊宋内》诗：
沧海桑田事渺茫，行逢遗老叹荒凉。
为言故国游麋鹿，漫指空山号凤凰。
春尽绿莎迷辇道，雨多苍翠上宫墙。
遥知汴水东流畔，更有平芜与夕阳。

赵孟頫《宋内》诗：
东南都会帝王州，三月莺花非旧游。
故国金人愁别汉，当年玉马[3]去朝周。
湖山靡靡今犹在，江水茫茫只自流。
千古兴亡尽如此，春风麦秀使人愁。

刘基《宋大内》诗：
泽国繁华地，前朝此建都。青山弥百粤，白水入三吴。
艮岳销王气，坤灵肇帝图。两宫千里恨，九子一身孤。
设险凭天堑，偷安负海隅。云霞行殿起，荆棘寝园芜。
币帛敦和议，弓刀抑武夫。但闻当宁奏，不见立廷呼。
鬼蜮昭华衮，忠良赐属镂。何劳问社稷，且自作欢娱。

至尊巍北阙，多士乐西湖。鹢首[4]驰文舫，龙鳞舞绣襦。
暖波摇襞积，凉月浸氍毹。紫桂秋风老，红莲晓露濡。
巨鳌擎拥剑，香饭漉雕胡。蜗角乾坤大，鳌头气势殊。
秦庭迷指鹿，周室叹瞻乌。玉马违京辇，铜驼掷路衢。
含容天地广，养育羽毛俱。橘柚驰包贡，涂泥赋上腴。
断犀埋越棘[5]，照乘走隋珠。吊古江山在，怀今岁月逾。
鲸鲵空渤澥，歌咏已唐虞。鸱革愁何极，羊裘钓不迂。
征鸿暮南去，回首忆莼鲈。

【注释】

①妇寺：宦官。

②猿："元"的谐音。

③玉马：指代贤臣。

④鹢（yì）首：古时常在船头画鹢鸟，故也用鹢首代称船头。

⑤断犀：锋利的兵器。越棘：越国的戟。

五云山

五云山去城南二十里，冈阜深秀，林峦蔚起，高千丈，周回十五里。沿江自徐村进路，绕山盘曲而上，凡六里，有七十二湾，石磴千级。山中有伏虎亭，梯以石堿，以便往来。至顶半，冈名月轮山，上有天井，大旱不竭。东为大湾，北为马鞍，西为云坞，南为高丽，又东为排山。五峰森列，驾轶云霞，俯视南北两峰，若锥朋立。长江带绕，西湖镜开，江上帆樯，小若鸥凫，出没烟波，真奇观也。宋时每岁腊前，僧必捧雪表进，黎明入城中，霰犹未集，盖其地高寒，见雪独早也。山顶有真际寺，供五福神，贸易者必到神前借本，持其所挂楮镪[1]去，获利则加倍还之。借乞甚多，楮镪恒缺。即尊神放债，亦未免穷愁。为之掀髯一笑。

袁宏道《御教场小记》：

余始慕五云之胜，刻期欲登，将以次登南高峰。及一观御教场，游心顿尽。石箦尝以余不登保俶塔为笑。余谓西湖之景，愈下愈胜，高则树薄山瘦，草髡石秃，千顷湖光，缩为杯子。北高峰、御教场是其样也。虽眼界稍阔，然我身长不过六尺，睁眼不见十里，安用许大地方为哉！石箦无以难。

【注释】

①楮镪（qiǎng）：意为纸钱。

云栖

云栖，宋熙宁间有僧志逢者居此，能伏虎，世称伏虎禅师。天禧中，赐真济院额。明弘治间为洪水所圮。隆庆五年，莲池大师名袾宏，字佛慧，仁和沈氏子，为博士弟子，试必高等，性好清净，出入二氏。子殇妇殁。一日阅《慧灯集》，失手碎茶瓯，有省，乃视妻子为鹖臭[1]布衫，于世相一笔尽勾。作歌寄意，弃而专事佛，虽学使者屠公力挽之，不回也。从蜀师剃度受具，游方至伏牛，坐炼呓语，忽现旧习，而所谓一笔勾者，更隐隐现。去经东昌府谢居士家，乃更释然，作偈曰："二十年前事可疑，三千里外遇何奇。焚香执戟浑如梦，魔佛空争是与非。"当是时，似已惑破心空，然终不自以为悟。

归得古云栖寺旧址，结茅默坐，悬铛煮糜，日仅一食。胸挂铁牌，题曰："铁若开花，方与人说。"久之，檀越争为构室，渐成丛林，弟子日进。其说主南山戒律，东林净土，先行《戒疏发隐》，后行《弥陀疏钞》。一时江左诸儒皆来就正。王侍郎宗沐问："夜来老鼠唧唧，说尽一部《华严经》。"师云："猫儿突出时如何？"自代云："走却法师，留下讲案。"又书颂云："老鼠唧唧，《华严》历历。奇哉王侍郎，却被畜生惑。猫儿突出画堂前，床头说法无消息。大方广佛《华严经》，世主妙严品第一。"其持论严正，诂解精微。监司守相下车就语，侃侃略无屈。海内名贤，望而心折。孝定皇太后绘像宫中礼焉，赐蟒袈裟，不敢服，被衲敝帏，终身无改。斋惟蔬菜。有至寺者，高官舆从，一概平等，几无加豆[②]。仁和樊令问："心杂乱，何时得静？"师曰："置之一处，无事不办。"坐中一士人曰："专格一物，是置之一处，办得何事？"师曰："论格物，只当依朱子豁然贯通去，何事不办得？"或问："何不贵前知？"

师曰："譬如两人观《琵琶记》，一人不曾见，一人见而预道之，毕竟同看终场，能增减一出否耶？"甬东屠隆于净慈寺迎师观所著《昙花传奇》，虞淳熙以师梵行素严阻之。师竟偕诸绅衿临场谛观，讫，无所忤。寺必设戒，绝钗钏声，而时抚琴弄箫，以乐其脾神。晚著《禅关策进》。其所述，峭似高峰、冷似冰者，庶几似之矣。喜乐天之达，选行其诗。平居笑谈谐谑，洒脱委蛇，有永公清散之风。未尝一味槁木死灰，若宋旭所议担板汉，真不可思议人也。出家五十年，种种具嘱语中。万历乙卯六月晦日，书辞诸友，还山设斋，分表施衬[③]，若将远行者。七月三日，卒仆不语，次日复醒。弟子辈问后事，举嘱语对。四日之午，命移面西向，循首开目，同无疾时，哆哪念佛，趺坐而逝。往吴有神李昙降毗山，谓师是古佛。而杨靖安万春尝见师现佛身，施食吴中。一信士窥空室，四鬼持灯至，忽列三莲座，师坐其一，佛像也。乩仙之灵者云，张果听师说《心赋》于永明。李屯部妇素不信佛，偏受师戒，逾年屈三指化，云身是梵僧阿那吉多。而僧俗将坐脱时，多请说戒、说法。然师自名凡夫，诸事恐呵责，不敢以闻。化前一日，漏语见一大莲华盖，不复能秘其往生之奇云。

袁宏道《云栖小记》：

云栖在五云山下，篮舆行竹树中，七八里始到，奥僻非常，莲池和尚栖止处也。莲池戒律精严，于道虽不大彻，然不为无所见者。至于单提念佛一门，则尤为直捷简要，六个字[④]中，旋天转地，何劳捏目，更趋狂解，然则虽谓莲池一无所悟可也。一无所悟，是真阿弥，请急着眼。

李流芳《云栖春雪图跋》：

余春夏秋常在西湖，但未见寒山而归。甲辰，同二王参云栖。时已二月，大雪盈尺。出赤山步，一路琼枝玉干，披拂照曜。望江南诸山，皑皑云端，尤可爱也。庚戌秋，与白民看雪两堤。余既归，白民独留，迟雪至腊尽。是岁竟无雪，怏怏而返。世间事各有缘，固不可以意求也。癸丑阳月题。

又《题雪山图》：

甲子嘉平[5]月九日大雪，泊舟阊门，作此图。忆往岁在西湖遇雪，雪后两山出云，上下一白，不辨其为云为雪也。余画时目中有雪，而意中有云，观者指为云山图，不知乃画雪山耳。放笔一笑。

张岱《赠莲池大师柱对》：

说法平台，生公一语石一语；

栖真斗室，老僧半间云半间。

【注释】

①鹳（nú）臭：狐臭。

②加豆：添加菜品。

③施衬：施舍财物。

④六个字：指“南无阿弥陀佛”。

⑤嘉平：腊月的别称。

镇海楼

镇海楼旧名朝天门，吴越王钱氏建。规石为门，上架危楼。楼基垒石高四丈四尺，东西五十六步，南北半之。左右石级登楼，楼连基高十有一丈。元至正中，改拱北楼。明洪武八年，更名来远楼，后以字画不祥，乃更名镇海。火于成化十年，再造于嘉靖三十五年，是年九月又火，总制胡宗宪重建。楼成，进幕士徐渭曰：“是当记，子为我草。”草就以进，公赏之，曰：“闻子久侨矣。”趋召掌计，廪银之两百二十为秀才庐。渭谢侈不敢。

公曰："我愧晋公，子于是文，乃遂能愧湜，倘用福先寺事数字以责我酬，我其薄矣，何侈为！"

渭感公语，乃拜赐持归。尽橐中卖文物如公数，买城东南地十亩，有屋二十有二间，小池二，以鱼以荷；木之类，果木材三种，凡数十株；长篱亘亩，护以枸杞，外有竹数十个，笋迸云。客至，网鱼烧笋，佐以落果，醉而咏歌。始屋陈而无次，稍序新之，遂颜其堂曰"酬字"。

徐渭《镇海楼记》：

镇海楼相传为吴越钱氏所建，用以朝望汴京，表臣服之意。其基址、楼台、门户、栏楯，极高广壮丽，具载别志中。楼在钱氏时，名朝天门。元至正中，更名拱北楼。皇明洪武八年，更名来远。时有术者病其名之书画不祥，后果验，乃更今名。火于成化十年，再建于嘉靖三十五年，九月又火。予奉命总督直浙闽军务，开府于杭，而方移师治寇，驻嘉兴。比归，始与某官某等谋复之。人有以不急病者。予曰："镇海楼建当府城之中，跨通衢，截吴山麓，其四面有名山大海、江湖潮汐之胜，一望苍茫，可数百里。民庐舍百万户，其间村市官私之景，不可亿计，而可以指顾得者，惟此楼为杰特之观。至于岛屿浩渺，亦宛在吾掌股间。高翥长骞，有俯压百蛮气。而东夷之以贡献过此者，亦往往瞻拜低回而始去。故四方来者，无不趋仰以为观游的。如此者累数百年，而一旦废之，使民若失所归，非所以昭太平、悦远迩。非特如此已也，其所贮钟鼓刻漏之具，四时气候之榜，令民知昏晓、时作息、寒暑启闭、桑麻种植渔佃，诸如此类，是居者之指南也。而一旦废之，使民懵然迷所往，非所以示节序、全利用。

且人传钱氏以臣服宋而建，此事昭著已久。至方国珍时，求缓死于我高皇，犹知借镠事以请。诚使今海上群丑而亦得知钱氏事，其祈款如珍之初词，则有补于臣道不细，顾可使其迹湮没而不章耶？予职清海徼[①]，视今日务，莫有急于此者。公等第营之，毋浚征于民，而务先以己。"于是予与某官某等，捐于公者计银凡若干，募于民者若干。遂集工材，始事于某年月日。计所构，甃石为门，上架楼，楼基垒石，高若干丈尺。东西若干步，南北半之。左右级曲而达于楼，楼之高又若干丈。凡七楹，础百，巨钟一，鼓大小九，时序榜各有差，贮其中，悉如成化时制。盖历几年月而成。始楼未成时，剧寇满海上，予移师往讨，日不暇至。于今五年，寇剧者禽，来者遁，居者慑不敢来，海始晏然，而楼适成，故从其旧名“镇海”。

张岱《镇海楼》诗：
钱氏称臣历数传，危楼突兀署朝天。
越山吴地方隅尽，大海长江指顾连。
使到百蛮皆礼拜，潮来九折自盘旋。
成嘉到此经三火，皆值王师靖海年。

都护当年筑废楼，文长作记此中游。
适逢困鳄来投辖，正值饥鹰自下鞲[②]。
严武题诗属杜甫，曹瞒拆字忌杨修。
而今纵有青藤笔，更讨何人数字酬！

【注释】

①海徼：近海地区。

②适逢困鳄来投辖，正值饥鹰自下鞲：当时正值倭寇侵扰海疆，胡宗宪恩威并施，此二句说的正是此事。

城隍庙

吴山城隍庙，宋以前在皇山，旧名永固，绍兴九年徙建于此。宋初，封其神，姓孙名本。永乐时，封其神，为周新。

新，南海人，初名日新。文帝常呼“新”，遂为名。以举人为大理寺评事，有疑狱，辄一语决白之。永乐初，拜监察御史，弹劾敢言，人目为“冷面寒铁”。长安中以其名止儿啼。转云南按察使，改浙江。至界，见群蚋飞马首，尾之蓁中，得一暴尸，身余一钥、一小铁识。新曰：“布贾也。”收取之。既至，使人入市市中布，一一验其端，与识同者皆留之。鞫得盗，召尸家人与布，而置盗法，家人大惊。新坐堂，有旋风吹叶至，异之。左右曰：“此木城中所无，一寺去城差远，独有之。”新曰：“其寺僧杀人乎？而冤也。”往树下，发得一妇人尸。他日，有商人自远方夜归，将抵舍，潜置金丛祠石罅中，旦取无有。商白新。新曰：“有同行者乎？”曰：“无有。”“语人乎？”曰：“不也，仅语小人妻。”新立命械其妻，考之，得其盗，则其私也。则客暴至，私者在伏匿听取之者也。凡新为政，多类此。新行部，微服视属县，县官触之，收系狱，遂尽知其县中疾苦。明日，县人闻按察使来，共迓不得。新出狱曰：“我是。”县官大惊。当是时，周廉使名闻天下。锦衣卫指挥纪纲者最用事，使千户探事浙中，千户作威福受赇。

会新入京，遇诸涿，即捕千户系涿狱。千户逸出，诉纲，纲更诬奏新。上怒，逮之，即至，抗严陛前曰：“按察使擒治奸恶，与在内都察院同，陛下所命也，臣奉诏书死，死不憾矣。”

上愈怒，命戮之。临刑大呼曰：“生作直臣，死作直鬼！”是夕，太史奏文星坠，上不怿，问左右周新何许人。对曰：“南海。”上曰：“岭外乃有此人。”一日，上见绯而立者，叱之，问为谁。对曰：“臣新也。上帝谓臣刚直，使臣城隍浙江，为陛下治奸贪吏。”言已不见。遂封新为浙江都城隍，立庙吴山。

张岱《吴山城隍庙》诗：

宣室殷勤问贾生，鬼神情状不能名。
见形白日天颜动，浴血黄泉御座惊。
革伴鸱夷犹有气，身殉豺虎岂无灵。
只愁地下龙逢[1]笑，笑尔奇冤遇圣明。

尚方特地出枫宸，反向西郊斩直臣。
思以鬼言回圣主，还将尸谏退佥人。
血诚无藉丹为色，寒铁应教金铸身。

坐对江湖多冷面，至今冤气未曾伸。

又《城隍庙柱铭》：

厉鬼张巡[②]，敢以血身污白日；

阎罗包老，原将铁面比黄河。

【注释】

①龙逄：关龙逄，夏末大臣，直谏桀而被杀。

②厉鬼张巡：张巡，在“安史之乱”中死守城池，后城陷，向西拜曰：“臣虽为鬼，誓与贼为厉”，被俘遇害。

火德庙

火德祠在城隍庙右，内为道士精庐。北眺西泠，湖中胜概，尽作盆池小景。南北两峰如研山在案，明圣二湖如水盂在几。窗棂门槷[①]凡见湖者，皆为一幅图画。小则斗方[②]，长则单条，阔则横披，纵则手卷[③]，移步换影。若遇韵人，自当解衣盘礴。画家所谓水墨丹青，淡描浓抹，无所不有。昔人言“一粒粟中藏世界，半升铛里煮山川”，盖谓此也。火居道士能为阳羡书生，则六桥三竺，皆是其鹅笼中物矣。

张岱《火德祠》诗：

中郎评看湖，登高不如下。千顷一湖光，缩为杯子大。

余爱眼界宽，大地收隙罅。瓮牖与窗棂，到眼皆图画。

渐入亦渐佳，长康食甘蔗。数笔倪云林，居然胜荆夏。

刻画非不工，淡远长声价。余爱道士庐，宁受中郎骂。

【注释】

①槷：应为闑（niè），指门槛。

②斗方：一尺或二尺见方的书画作品。

③手卷：横幅长卷书画，只能卷舒而无法悬挂。

芙蓉石

芙蓉石今为新安吴氏书屋。山多怪石危峦，缀以松柏，大皆合抱。阶前一石，状若芙蓉，为风雨所坠，半入泥沙。较之寓林“奔云”，尤为茁壮。但恨主人深爱此石，置之怀抱，半步不离，楼榭逼之，反多阨塞[1]。若得础柱相让，脱离丈许，松石间意，以淡远取之，则妙不可言矣。吴氏世居上山，主人年十八，身无寸缕，人轻之，呼为吴正官。一日早起，拾得银簪一枝，重二铢，即买牛血煮之以食破落户，自此经营五十余年，由徽抵燕，为吴氏之典铺八十有三。东坡曰：“一簪之资，可以致富。”观之吴氏，信有然矣。盖此地为某氏花园，先大夫以三百金折其华屋，徙造寄园，而吴氏以厚值售其弃地，在当时以为得计。而今至吴园，见此怪石奇峰，古松茂柏，在怀之璧，得而复失，真一回相见，一回懊悔也。

张岱《芙蓉石》诗：

吴山为石窟，是石必玲珑。此石但浑朴，不复起奇峰。
花瓣几层折，堕地一芙蓉。痴然在草际，上覆以长松。
濯磨如结铁，苍翠有苔封。主人过珍惜，周护以墙墉。
恨无舒展地，支鹤[2]闭韬笼。仅堪留几席，聊为怪石供。

【注释】

①阨（ài）塞：狭窄不通。

②支鹤：指支遁的鹤。支遁，字道林，本姓关，为东晋著名高僧。

云居庵

云居庵在吴山，居鄙，宋元祐间，为佛印禅师所建。圣水寺，元元贞间，为中峰禅师所建。中峰又号幻住，祝发时，有故宋宫人杨妙锡者，以香盒贮发，而舍利丛生，遂建塔寺中，元末毁。明洪武二十四年，并圣水于云居，赐额曰云居圣水禅寺。岁久殿圮，成化间僧文绅修复之。寺中有中峰自写小像，上有赞云："幻人无此相，此相非幻人。若唤作中峰，镜面添埃尘。"向言六桥有千树桃柳，其红绿为春事浅深；云居有千树枫桕，其红黄为秋事浅深，今且以薪以槱[①]，不可复问矣。曾见李长蘅题画曰："武林城中招提[②]之胜，当以云居为最。山门前后皆长松，参天蔽日，相传以为中峰手植，岁久浸淫，为寺僧剪伐，什不存一，见之辄有老成凋谢之感。去年五月，自小筑至清波访友寺中，落日坐长廊，沽酒小饮已，裴回城上，望凤凰南屏诸山，沿月踏影而归。翌日，遂为孟旸画此，殊可思也。"

李流芳《云居山红叶记》：

余中秋看月于湖上者三，皆不及待红叶而归。前日舟过塘栖，见数树丹黄可爱，跃然思灵隐、莲峰之约，今日始得一践。及至湖上，霜气未遍，云居山头，千树枫桕尚未有酣意，岂余与红叶缘尚悭与？因忆往岁忍公有代红叶招余诗，余亦率尔有答，聊记于此："二十日西湖，领略犹未了。一朝别尔归，此游殊草草。当我欲别时，千山秋已老。更得少日留，霜酣变林杪。子常为我言，灵隐枫叶好。千红与万紫，乱插向晴昊。烂然列锦锈，森然建旂旐。一生未得见，何异说食饱。"

高启《宿幻住栖霞台》诗：

窗白鸟声晓，残钟渡溪水。此生幽梦回，独在空山里。
松岩留佛灯，叶地响僧履。予心方湛寂，闲卧白云起。

夏原吉《云居庵》诗：

谁辟云居境，峨峨瞰古城。两湖晴送碧，三竺晓分青。
经锁千函妙，钟鸣万户惊。此中真可乐，何必访蓬瀛。

徐渭《云居庵松下眺城南》诗：

夕照不曾残，城头月正团。霞光翻鸟堕，江色上松寒。
市客屠俱集，高空醉屡看。何妨高渐离，抱却筑来弹。
（城下有瞽目者善弹词。）

【注释】

①槱（yǒu）：把木柴堆积在一起准备燃烧。

②招提：梵语，寺院的别称。

紫阳庵

紫阳庵在瑞石山。其山秀石玲珑，岩窦窈窕。宋嘉定间，邑人胡杰居此。元至元间，道士徐洞阳得之，改为紫阳庵。其徒丁野鹤修炼于此。一日，召其妻王守素入山，付偈云："懒散六十年，妙用无人识。顺逆俱两忘，虚空镇长寂。"遂抱膝而逝。守素乃奉尸而漆之，端坐如生。妻亦束发为女冠，不下山者二十年。今野鹤真身在殿亭之右。亭中名贤留题甚众。

其庵久废，明正统甲子，道士范应虚重建，聂大年为记。万历三十一年，布政史继辰、范涞构空翠亭，撰《紫阳仙迹记》，绘其图景并名公诗，并勒石亭中。

李流芳《题紫阳庵画》：

南山自南高峰逦迤而至城中之吴山，石皆奇秀一色，如龙井、烟霞、南屏、万松、慈云、胜果、紫阳，一岩一壁，皆可累日盘桓。而紫阳精巧，俯仰位置，一一如人意中，尤奇也。余己亥岁与淑士同游，后数至湖上，以畏入城市，多放浪两山间，独与紫阳隔阔。辛亥偕方回访友云居，乃复一至，盖不见十余年，所往来于胸中者，竟失之矣。山水绝胜处，每恍惚不自持，强欲捉之，纵之旋去。此味不可与不知痛痒者道也。余画紫阳时，又失紫阳矣。岂独紫阳哉，凡山水皆不可画，然不可不画也，存其恍惚而已矣。书之以发孟旸一笑。

袁宏道《紫阳宫小记》：

余最怕入城。吴山在城内，以是不得遍观，仅匆匆一过紫阳宫耳。紫阳宫石，玲珑窈窕，变态横出，湖石不足方比，梅花道人[①]一幅活水墨也。奈何辱之郡郭之内，使山林懒僻之人亲近不得，可叹哉。

王稚登《紫阳庵丁真人祠》诗：

丹壑断人行，琪花洞里生。乱崖兼地破，群象逐峰成。
一石一云气，无松无水声。丁生化鹤[②]处，蜕骨不胜情。

董其昌《题紫阳庵》诗：

初邻尘市点灵峰，径转幽深绀殿重。
古洞经春犹闷雪，危厓百尺有欹松。
清猿静叫空坛月，归鹤愁闻故国钟。
石髓年来成汗漫，登临须愧羽人踪。

【注释】

①梅花道人：元代画家吴镇。

②丁生化鹤：出自《搜神后记》。丁生，丁令威，传说为汉辽东人，学道后化鹤归乡。